태교는
인문학이다

〈박숙현의 태교신기 특강〉 개정판

태교는 인문학이다

개정판 1쇄   2014년 10월 16일

지은이   박숙현
펴낸이   김종경
디자인   일필휘지디자인
인 쇄   (주)중앙피엔엘
펴낸곳   북앤스토리
주 소   경기도 용인시 처인구 중부대로 1299번길 5(역북동 423-8)
전 화   (031) 336-8585 | **팩스** (031) 336-3132
이메일   iyongin@nate.com
등 록   2010년 7월 13일 | **신고번호** 2010-08호
ISBN   979-11-952202-1-2 03370

값   18,000원

이 도서의 국립중앙도서관 출판시도서 목록(CIP)은 서지정보유통지원시스템 홈페이지(http://seoji.nl.go.kr)와 국가자료 공동목록시스템(http://www.nl.go.kr/kolisnet)에서 이용하실 수 있습니다.(CIP제어번호: CIP 2014028585)

태교는
인문학이다

박숙현 지음

BOOK&STORY

책을 펴내며

인문학(人文學, humanities)은 궁극적으로 사람답게 사는 길을 안내하는 학문이다. 수많은 사람이 인문학의 길을 찾고 있다. 필자 역시 그 길을 찾던 중 태교(胎敎)야말로 인문학의 최고 정점에 서 있는 인생 길라잡이라는 생각이 들었다.

태교는 생명을 잉태하기 전후부터 세상 밖으로 태어나기 전까지 가장 인간답게 살기 위한 가르침이다. 인간은 엄마 자궁 속에서 40주간 머물며 세상사의 희로애락을 만나기 위한 인성의 DNA가 만들어진다. 이를 인격체로 따지자면 선천성의 100%가 형성되는 시기라고 해도 과언이 아니다.

〈태교는 인문학이다〉라는 다소 무거운 제목을 빌려 온 이유다. 좀 더 구체적인 표현을 쓰자면 〈태교는 인문학의 첫 걸음이다〉라는 말이 맞을 듯싶다. 이 책은 원래 조선시대 이사주당(李師朱堂1739~1821)이 지은 태교신기(胎教新記)라는 과학 태교의 원저를 재해석하는 과정에서 구상하게 됐다.

우연히 여러 대학에서 이사주당과 태교신기를 강의하면서 〈박숙현의 태교신기 특강〉이라는 허름한 교본을 펴내게 됐다. 그런데 발간되자마자 이 책을 찾는 사람들이 많아졌고, 태교 지도사를 양성하는 여러 기관에서도 강의 요청이 들어오기 시작했다.

부끄럽게도 발간 두 달 만에 모두 소진된 〈박숙현의 태교신기 특강〉을 좀 더 많은 사람이 읽을 수 있도록 수정 · 보완해서 감히 〈태교는 인문학이다〉라는 개정판을 내게 됐다.

태교는 사회학적으로 볼 때 인간성 파괴를 막는 브레이크 역할을 한다. 이미 세상은 가족 붕괴현상을 비롯해 반인륜적 현상이 심각해지고 있다. 물론 인간사는 태초부터 지금까지 늘 종말론이 대두되고 있을 정도로 피폐한 상황이다.

오직 사랑과 희생으로 결속된 가족 공동체만이 인간사의 희망일지도 모른다. 가족공동체에서 떨어져 나온 남녀가 새로운 가정을 꾸리고, 이 과정에서 태교를 통해 새 생명을 잉태하면서 온전한 가족애가 형성되고, 결국 인류애의 초석으로 발전되는 것이리라.

이사주당은 태교의 중심 가치를 효와 예를 실천하는 심성 바른 아기가 태어나는 것에 두었다. 아이의 바른 심성은 부모의 선행이 전제돼야 하니 태교신기의 근본은 한 가족의 인간성 회복부터 시작되는 것이다.

태교신기가 위대한 저작임엔 틀림없지만 거의 알려지지 않아 아쉬움이 크다. 더군다나 신세대 임신부들은 태교신기를 알고 있더라도 쉽게 손이 가지 않을 것이다. 전통태교는 미신적 요소가 많고 시대에도 맞지 않을 것이라는 생각 때문이다. 그런데 과연 그럴까. 태교신기는 당시 민간에 전해지던 속설이나 미신 차원의 글이 아니다. 과학적이며

경험에 근거한 실증적인 태교법임을 이사주당의 천재 아들 유희가 입
증하고 있다. 태교신기는 마음 다스림, 일하기, 먹기, 자기 등 구체적인
태교 실천방법을 제시하고 있다.

특히 마음 다스림 부분을 수차례 반복해 인성을 강조했다. 세부적으
로는 건강함과 총명함을 추구했다. 현대 태교에서 지극히 강조하는 스
트레스로부터 임신부를 보호하고, 음식물 섭취 등을 잘해 태아의 건강
을 챙겨야 한다고 강조했다. 또 거문고와 비파를 듣고, 백옥과 공작을
보는 음악 태교, 미술 태교 등을 통해 태아의 뇌 발달을 도울 수 있도
록 안내하고 있으니 얼마나 놀라운 일인가.

이밖에도 부성 태교와 가족 태교를 주창, 아버지의 역할과 가족의
의무를 강조하고 있다. 또 태교를 하지 않으면 난산, 기형아 출산 등을
할 수 있고, 태어나서도 생명이 짧을 수 있다고 경계하고 있어 언어표
현은 다르지만 세기를 뛰어넘는 책으로써 부족함이 없다.

당시 태교신기는 유일무이한 최고의 태교 전문서였다. 위당 정인보
선생은 태교신기를 보고 싶어 10여 년 간 백방으로 수소문했다.

〈태교는 인문학이다〉는 태교신기에 대한 임산부들의 이해를 돕기 위해 다양한 해설을 시도하고 있지만, 근본은 동서양의 검증된 과학적 태교를 바탕으로 쓰고자 노력했다. 따라서 현대의 임신부가 태교신기로 태교를 못할 이유가 전혀 없다.

탈무드는 무려 5,000년이라는 긴 전통을 간직하고 있지만 시대를 뛰어넘어 더욱더 사랑받고 있다. 늘 토론과 재해석 과정을 거쳐 현대적 저작물처럼 현재화 작업을 꾀하고 있기 때문이다.

우리는 220여 년 밖에 안 된 태교신기가 있는 줄도 모르고 있다. 혹시 조금 안다고 한들 고리타분한 옛것이라는 선입견을 품기 십상이다. 그러나 태교신기야말로 탈무드처럼 일상생활에서 뗄 수 없는 생활의 지침서가 돼야 한다. 태교신기도 끊임없이 현대적으로 재해석되고 풀이되는 과정을 거쳐서 신세대 누구라도 거부감 없이 받아들일 수 있어야 한다.

유대인들은 대대로 이어 내려오는 정신적 지침서들을 외우고 토론하는 생활방식을 통해 자녀교육, 인성교육에도 성공하고 있다.

전통을 현대적으로 계승해나가는 그들의 생활방식과 사고방식을 배워야 한다. 그것이 우리의 태교신기를 살리고 미래 인재를 키우는 길이다.

　이사주당의 묘소는 남편과 합장된 채 경기도 용인시 처인구 모현면 왕산리 한국외국어대학교 뒷산에 있다. 이사주당은 청주 출생의 전주 이씨로 용인 모현면 진주 유씨 집안의 유한규에게 15세에 시집와서 4명의 자식을 낳고 말년에 태교신기를 썼다.

　필자가 맡고 있는 이사주당기념사업회에서 작게나마 묘역 가는 이정표를 만들어 안내하고 있다. 바로 인근에는 천재 아들 유희 선생의 묘소도 있다. 가족의 묘소 일대를 가꿔 태교의 숲으로 만들면 신혼부부들이 찾아와 명상을 통해 그들의 맑은 정신을 맘껏 들이마시며 훌륭한 자식을 잉태할 수 있지 않을까 하는 생각을 해본다.

　〈태교는 인문학이다〉라는 졸저를 임신부뿐만 아니라 가족들이 돌려가면서 읽기를 권한다. 이사주당은 아버지와 온 가족이 임신부를 보호하면서 태교를 도와야 한다고 강조했지만 정작 태교를 모르면 제대로

도울 수가 없기 때문이다. 유대인들이 경전과 탈무드를 읽으면서 경건하게 후손을 맞듯이 우리는 이 책을 보면서 인류의 미래를 짊어지고 나갈 준걸과 영재를 기다려야 한다.

　이사주당을 기념하기 위해 묘역을 찾게 됐고 이사주당과 태교신기에 대해 강의를 하다보니 이사주당기념사업회 회장이라는 중책까지 자초하고 말았다. 그 무거운 책임감에 대한 두려움을 덜기 위해 이 책을 내게 됐다. 세계 최초로 태아 교육의 길을 안내하신 인류의 어머니 이사주당에게 이 책을 바친다.

2014년 10월
박숙현

차례

제1장
부모는 태교를 해야하는 책임이 있다

제1장
부모는 태교를 해야 하는 책임이 있다

제1절 훌륭한 인성을 가진 아기를 낳기 위해

원문해석

사람의 성품은 본래 하늘처럼 맑다. 기질은 부모를 닮는다.

부모가 태교에 소홀해 거친 기질을 잘 다스리지 못하면

배 속의 태아는 부모의 거친 기질에 물들어

하늘과 같은 맑은 성품을 잃게 된다.

부모가 어찌 낳고 기름에 삼가지 않겠는가.

원문의역

❖ **자녀의 평생 성품은 태중에서 형성된다.**

부모는 자식의 좋은 성품을 만들어주기 위해 태교를 해야 할 책임이
있다.

평생 사랑받으며 지낼 성품을 물려주는 것도, 미움 받으며 지낼 성

품을 물려주는 것도 모두 부모의 태교 여하에 달렸다.

성품은 입과 말로 가르치는 것이 아니다. 부모의 선한 마음씨를 닮게 하면 된다. 닮게 하려면 부모가 먼저 마음가짐을 잘 가다듬어서 아름다운 성품을 갖고 있어야 한다.

해설1

내 자식만큼은 못된 아이로 지탄받지 말기를, 왕따가 되지 않기를, 누구에게나 사랑받으면서 잘 살아가기를…….

못된 자식을 낳은 부모도, 물러터진 자식을 낳은 부모도, 훌륭한 자식을 낳은 부모도 노심초사하기는 마찬가지다.

부모들은 말한다. "세상이 하도 험악해서 아이들이 아무 탈 없이 잘 살아갈 수만 있다면 걱정이 없겠다."

험한 세상을 탄식하는 목소리가 높은 만큼 인성에 대한 관심도 높다.

"인성 교육을 해야 한다."

그렇지만 누가 어떤 인성 교육을 언제 어떻게 해야 하나? 과연 인성 교육의 정답은 무엇일까?

어디서부터 손을 대야할지 무얼 어떻게 가르쳐야 할지 걱정이 태산이다. 너무 멀리서 찾고 있기 때문에 어렵다. 모두가 태교를 놓치고 있음을 알아야 한다. 태교에 정답이 있다. 이사주당이 강조하는 태교의 핵심은 인성이다. 이사주당은 1장 1절부터 성품을 다뤘다. 사람 됨됨이를 가장 중요하게 여겼다.

이사주당은 인성 좋은 아기를 낳기 위해서는 부모가 마음을 다스려야 한다고 강조했다. 이는 잉태 전과 임신 중 모두 해당한다.

탐욕과 시기 질투로 심성이 거친 부모가 마음을 정화하지 않고 무작정 아기를 잉태하면 모든 악의 뿌리가 태아에게 전해질 것이기 때문이다. 임신 중에도 착한 마음씨를 갖지 않으면 태아의 성품이 새까맣게 물들어버릴 수도 있음이다.

하늘색 성품에 먹구름이 뒤덮여버리는 참담함!

이사주당은 생명이 첫발을 뗄 때, 즉 아버지가 정자를 낳을 때 그리고 어머니가 배 속에서 열 달 동안 기를 때 몸과 마음을 조심해서 훌륭한 인성을 갖춘 아기를 낳아야 한다고 강조하고 있다.

> 원문

人生氣質之由 인생기질지유

人生之性 인생지성 本於天 본어천
氣質成於父母 기질성어부모
氣質偏勝 馴至于蔽性 기질편승 순지우폐성

父母生育 其不謹諸 부모생육 기불근저

태교는 임신 전부터 해야 한다.

임신 전부터 부부가 마음을 정화하는 것. 그렇게 제2의 탄생을 하고서 맑은 마음으로 부모의 마음을 닮은 아기를 당당하게 기다리는 것이 바로 태교다.

학교폭력위원을 하다보면 아직은 여리고 어린 가해 학생들이 안쓰러워 며칠씩 맘고생 할 때가 많다. 자식을 잉태하고서 기뻐했을 부모들이 왜 아이들을 이 지경으로 만들었을까 싶어 속이 상한다.

부모가 태교를 몰랐거나 안 했기 때문이다. 태아의 뇌에 한 번 각인된 성품은 아이의 평생을 좌우한다.

유대인은 아이가 태어나 글을 읽을 능력이 생기는 만 3세가 되면 히브리어 알파벳을 가르치는데, 이는 학교 성적 때문이 아니다. 토라(경전·율법)와 탈무드 그리고 기도문인 쉐마를 늘 읽고 외우고 토론하게 함으로써 5,000년간 이어 내려오는 율법 안에서 신의 말씀대로 경건하게 살아갈 수 있도록 하기 위해서다.

그 결과 국민들은 태어나서부터 죽을 때까지 경건한 삶을 살아간다. 따라서 특별한 준비 없이 일상 자체가 아름다운 아기 마중이 된다.

그들은 남자아이가 성장하면 613개의 술이 달린 찌찌라는 조끼를 입히고, 머리에 키파라는 작은 모자를 씌운다. 613개의 율법은 구약성경 모세 5경에서 나온 것인데, 찌찌를 입는 것은 사람의 뼈가 248개로서 일 년 365일을 하루같이 뼈마디에 율법을 새기라는 의미다. 또 키파는 항상 신이 머리 위에서 지켜보고 있으니 경건하게 살라는 의미다.

조상 대대로 내려오는 생활 문화가 그들로 하여금 하루하루 정화하는 삶을 살아가지 않을 수 없게 만든다.

우리는 먼저 그간의 찌든 마음 즉 원망과 탐욕 같은 못된 마음을 정화하고, 또한 하루하루 요동치는 마음도 가라앉혀야 한다. 지금까지 분노와 탐욕대로 살아왔다면 어제까지의 삶을 반성하고, 아기의 훌륭한 모델이 되기 위해 탈바꿈을 해야 한다.

필자의 아버지는 매사 참을 '인(忍)'자 셋이면 살인도 면한다고 누누이 말씀하셨다. 이제 보니 인(忍)자가 들끓는 마음을 칼날로 끊어내는 형상의 글자가 아닌가? 이 같은 노력이 없다면 부모의 참혹한 기질은 태아에게 고스란히 전해진다.

처음 뒤틀린 태아의 성품은 아이의 뇌에 깊게 각인돼 평생 영향을 미친다. 태아는 평화로운 자궁에서 사랑을 배우고, 감사를 배우고, 배려를 배우고, 인내를 배워야 한다.

이러할 때 성인군자, 요즘말로 하면 도덕성이 뛰어난 사람, 인성을 제대로 갖춘 훌륭한 성품의 인재가 태어나는 것이다.

"옷깃만 한 번 스쳐도 인연이라는데, 우리 만남이 그냥 만남인가?"

옷깃을 한 번 스치기 위해서는 500겁의 시간이 필요하다고 한다. 옷깃은 요즘말로 칼라다. 소맷부리나 앞자락, 뒷자락을 이야기하는 것이 아니다.

칼라를 스치기가 어디 쉬운 일이겠는가? 그렇다면 1겁은 어느 정도의 시간을 말할까? 1겁은 가로세로 높이가 10리에 이르는 거대한 바위를 1,000년에 한 번씩 선녀가 내려와 얇은 날개 옷자락으로 살짝 스치고 가서 그 바위가 다 마모될 때까지 걸리는 시간이라고 한다.

100리다, 100년이다 이견이 분분하지만 그런 게 중요한 게 아니다. 어떤 말로도 인연의 소중함을 나타낼 수 없을 만큼 오랜 시간이라는 표현일 뿐. 그렇다면 부부의 인연은 과연 몇 겁일까?

7,000겁이라고 한다. 부모 자식은 8,000겁이다. 우리는 7,000겁의 그리움으로 부부간의 100년 가약을 맺고, 8,000겁의 기다림으로 애틋한 새 생명을 맞이하게 된다. 옆자리의 아내와 남편이 새롭게 느껴지지 않는가. 우리 아기가 슬프도록 아름답게 느껴지지 않는가.

플라토닌의 '사랑'이라는 시의 한 구절이다.

"백 명이 당신을 사랑한다면 그중 한 사람은 저입니다. 열 명이 당신을 사랑한다면 그중 한 사람은 저입니다. 단 한 사람이 당신을 사랑한다면 그건 바로 저입니다. 아무도 당신을 사랑하지 않는다면 그건 제가 이 세상에 존재하지 않기 때문입니다."

어느 강좌에서 들었던 아름다운 이야기가 생각난다.

"이 넓고 넓은 세상에 있는 아기들을 모두 한 줄로 세워 놓고, 그중에서 내 자녀가 될 아기를 선택하라고 한다면, 난 바로 너, 우리 아기를 선택할 거야."

제2절 튼실한 정자는 건강한 생명의 첫 단추다

아버지가 낳으시고, 어머니가 기르시고,

스승이 가르치는 것이 하나다.

그러나 훌륭한 의사는 병들기 전에 치료하고,

훌륭한 가르침은 태어나기 전에 가르치는 것이다.

그러므로 스승의 십년 교육이 어머니의 열 달 기름만 못하고,

어머니의 열 달 기름은 아버지의 하루 낳음만 못하다.

❖ 첫 단추를 잘 끼워야 한다.

모든 일은 맨 처음이 가장 중요하다. 첫 단추를 잘 끼워야 나머지 단추를 바르게 끼울 수 있다. 더욱이 생명을 낳는 일에 있어서는 두말할 필요가 없다. 튼실한 씨앗으로 낳은 아이는 모든 면에서 반듯하고 건강하다. 튼실한 씨앗은 생명의 첫 단추다.

스승의 가르침, 어머니의 기름, 아버지의 낳음이 어느 하나 중요하지 않은 게 없다. 그럼에도 이사주당은 아버지의 하루 낳음이 가장 중요하다고 강조했다.

왜일까. 아버지의 역할이라는 측면과 의학적인 측면으로 생각해볼 수 있다.

첫째, 아버지는 부부 관계를 이끌기 때문이다. 남편은 아내의 심기가 불안하거나 불편한 것은 아닌지, 혹은 몸이 아프기라도 한 것은 아닌지 여러 정황을 잘 살펴 부부 관계 여부를 결정해야 한다.

이는 최고의 몸 상태에서 행복한 임신을 할 때 육체적으로나 정신적으로 건강한 아기가 태어난다는 연구 결과가 뒷받침한다.

대학 다닐 때 결혼준비 특강을 들었던 적이 있다. 부부가 와서 특강을 했는데, 화기애애하던 분위기가 중후반에 들어 심각해졌다. 남편이 술에 취한 상태에서 강압적인 부부 관계를 했던 모양이다. 그때 부인이 했던 이야기가 생각난다. 마치 강간당하는 기분이었다고. 오랜 시간이 흘렀어도 마음속에 응어리가 남았던 것 같다. 잠자리에서 부부간의 예의와 기쁨이 중요함을 보여주는 예다.

유대인들은 아내의 동의 없이 아내를 안는 것을 강간과 같게 여긴다. 남편은 아내에게 따뜻하게 말을 걸고 사랑을 나눌 시간을 충분히 가진다. 성은 올바르고 깨끗하게 행해야 한다는 인식을 하고 있다.

둘째, 충실한 정자가 인간 생명의 시작점이라는 의학적 판단 때문이다. 한의학 서적을 깊게 연구했던 이사주당은 육체·정신적 상태 모두 정자 형성에 영향을 미친다는 사실을 알고 있었다.

이사주당은 건강한 육신은 기본이라고 여겼다. 여기에 욕정의 분출을 자제해 정액을 아껴야 최고의 정자를 낳을 수 있다고 봤다. 두 번째 사정부터는 건강한 정자가 줄어들기 때문이다.

또한 마음을 비우고 분노와 욕심을 다스릴 때 우주 자연의 맑고 건강한 기운이 정자에 깃들 수 있다고 여겼다.

결국 우수한 인간 형성의 시작점은 아버지의 건강한 몸과 마음으로 길러낸 최고의 정자다.

胎教爲本師敎爲末 태교위본사교위말

父生之 부생지 母育之 모육지 師敎之一也 사교지일야 善醫者
선의자 治於未病 치어미병 善敎者 선효자 敎於未生 효어미생 故
師敎十年 고사교십년 未若母十月之育 미약모시월지육 母育十
月 모육시월 未若父一日之生 미약부일일지생

불임부부가 늘면서 최근 정자 기증 이야기가 흔히 들린다. 일본에서는 혈통 보존을 위해 시아버지의 정자를 며느리가 받는 경우가 있다는 놀라운 이야기도 들었다. 그만큼 식생활 문제나 환경 문제 등이 심각하다는 반증이다. 아기 공장도 등장했다. 1930년대에 올더스 헉슬리가 소설 '멋진 신세계'에서 아기 공장과 인간성 상실을 다뤘을 때 그저 미래 공상과학 소설일 뿐이었다. 그런데 그 '멋진 신세계'가 100여 년이 지난 지금 그대로 실현되고 있다.

생명윤리와 각종 법적 문제는 그만두고라도 이렇게 불안한 때일수록 자신의 의지로 정자의 건강을 지키려는 노력이 중요하다.

최고의 정자를 방사하기 위해서는 어떻게 해야 할까.

방사하는 순간의 정자는 이미 3개월 전에 만들어진 원시정모세포가 성장한 것이다. 따라서 아빠는 최소 3개월, 아니 5·6개월 전, 넉넉잡아 1년 전부터 마음을 바르게 하고, 술과 담배를 끊고, 적당한 운동과 영양 섭취 등을 통해 건강한 몸과 마음을 만들어야 한다.

탐욕에 물든 정자, 술에 취한 정자, 니코틴에 찌든 비실비실한 정자로 귀한 자식을 만들고 싶어 하는 부모는 없다.

오래전 친구 남동생의 함 들어오던 날이 기억난다. 신랑 될 사람이 함을 지고 온 친구들과 밤늦게 몰려나가 밤새도록 술을 마셨다. 신랑의 정자가 만취하리라는 것은 불을 보듯 뻔했으나 누구하나 말리는 어른이 없었다. 무지로 인해 자신들이 무슨 짓을 저지르고 있는지조차 몰랐던 가슴 아픈 시절의 이야기다.

조선 시대 우리 조상들은 혼인식을 거행하기 전에 삼서정신을 시행해 경건한 혼인을 했다.

서부모(誓父母) 서천지(誓天地) 서배우(誓配偶).

부모님을 잘 섬기고, 하늘과 땅의 이치에 어긋나지 않게 살며, 배우자와 행복하게 잘 살겠다고 서약하는 것이다. 부모는 이때 부부간의 도리와 혼인 생활에 대해 덕담이나 편지를 써서 내려주었다. 요즘처럼 자식한테 알아서 하라고 맡기는 세태와는 차원이 달랐다.

정자의 건강을 해치는 요인은 술 담배뿐만 아니다. 스트레스가 고환의 온도를 높여 정자의 수를 줄게 하고 운동성도 떨어뜨린다는 연구 결과가 있다. 고환의 온도가 2도만 올라가도 이 같은 현상이 나타나지만, 체온보다 고환의 온도가 2도 낮을 때는 정자생산 능력이 향상된다고 한다.

스트레스를 받지 않는 게 제일 좋지만 일단 스트레스를 받으면 운동을 통해서든 명상이나 여행을 통해서든 풀어낼 수 있도록 해야 한다.

그밖에도 꽉 끼는 바지, 자전거, 사우나, 핸드폰, 탈모제, 고기류, 트랜스지방 등도 정자의 건강과 밀접한 관계가 있으니 주의해야 한다.

정자에 좋은 식품이 있다. 당근이나 호박 등 적황색 식품은 정자의 이동성을 좋게 해주고, 토마토, 고추, 수박 같은 붉은색 식품은 정자 형성에 도움을 준다.

＊동의보감은 남자가 8세가 되면 신장의 기운이 충실해지고, 16세가 되면 신장의 기운이 왕성해져 정액을 만든다고 했다. 이때부터 남자는 자녀를 낳을 수 있다. 또한 64세가 되면 정액이 모두 없어져 자식을 둘 수 없다고 했다.

남녀가 한 번 교합할 때 반 홉의 정액이 소모되는 것으로 봤다. 정액을 없애고 보충하지 않으면 기력이 약해지고, 수태도 잘되지 않는다고 했다. 정액을 아껴야 건강한 자식을 잉태할 수 있다는 의미다.

여자는 7세에 신장의 기운이 충실해지고, 14세가 되면 월경을 시작하며 임신을 할 수 있다고 했다. 49세에는 월경이 끝나고 자식을 낳을 수 없다고 했다.

이팔청춘인 십대에 아이를 낳을 수는 있으나 신체 발달이 덜 된 상태여서 임신 최적기가 아니다. 그렇다고 요즘처럼 30대 중후반에서야 임신하는 고령 상태도 적기는 아니다. 20대 꽃다운 청년 시절에 혼인해서 건강하고 총명한 아기를 낳는 것이 바람직하다.

＊유대인은 전 세계 인구의 0.2～0.3%에 불과한 약 1200만 명. 그러나 노벨상 수상자의 약 30%를 차지하고 있다. 특히 노벨 과학상 수상자의 60%가

그들이다. 여러 이유가 있지만 임신법도 그 가운데 하나.

유대인에게는 오랜 시간 랍비(유대교 스승)들의 지도로 지켜져 온 부부 관계법이 있다. 아내는 월경이 끝난 뒤 7일간 금욕을 통해 자궁 안의 상태를 좋게 만들어 건강한 난자를 준비한다. 보통 12~13일간은 절대로 부부 관계를 가질 수 없는 계율을 지켜야 한다. 이렇게 해서 건강한 정자와 난자가 만나게 되면 신을 경배할 총명한 아기가 태어나게 되는 것이다.

＊조선 왕실 임신법은 유대인보다 더 까다로우면 까다로웠지 덜하지 않았다. 무엇보다 임신 전에 매우 신중했다. 다른 점이라면 유대인처럼 월경 기간을 보지 않고 월경의 색깔로 임신 가능 여부를 판단했다는 점이다. 월경 후 6일 정도의 기간 내에 비단이나 흰색 무명천에 묻혀보아 황금빛을 띠는 동안을 임신의 적기로 보았다. 이때 왕의 충실한 정액과 교합해 훌륭한 자식을 낳게 했다.

유대인보다 신경을 더 쓴 점도 있다. 대를 이을 왕자를 낳기 위해 월경 후 1, 3, 5일 양의 기운이 왕성한 홀수의 날 교합을 했다는 점이다. 또 계절과 시간과 날씨까지 종합적으로 봤다는 사실이다. 늦여름은 피했고, 음기가 절정에 달하는 밤 12시를 넘겨 양의 기운이 충만한 새벽에 천둥 번개 비바람 없이 일기가 고른 날을 택했다. 자식농사에 이보다 더한 노력이 세상에 어디 있을까 싶다. 그러나 유대인들보다 못했던 점이 있다. 일반 백성들은 예외였다는 점이다.

5억분의 1, 혹은 3억분의 1의 치열한 경쟁을 뚫고 아빠의 가장 건강한 정자가 엄마의 가장 건강한 난자와 만났다. 그렇게 태어난 아기. 정자의 치열함으로 볼 때 아빠의 아기에 대한 사랑은 1분 1초가 아쉬워야 정상일 듯싶다.

그런 면에서 영국에서 독보적인 아빠가 탄생했다. 아기의 탄생부터 첫 번째 생일까지 아기 모습을 매일 휴대전화로 촬영해 유튜브에 올린 아빠가 등장한 것이다.

'탄생부터 하루 1초'라는 제목을 달은 유튜브에는 1200여 편의 영상 편집물이 공개됐다. 이런 모습을 바라보는 흐뭇한 엄마의 얼굴을 떠올려 보라.

훗날 아기를 낳으면 자신들도 꼭 이런 아빠가 되고 싶다는 아름다운 댓글이 많이 달렸다.

제3절 행복한 잉태는 아버지 책임이다

중매 절차대로 양가가 예를 갖춘 후에 부부가 됐다.

부부는 날마다 서로 공경하는 마음으로 대해야 함에도

혹시라도 흥허물 없이 편하다고 해서

업신여기는 말을 해서는 안 된다.

지붕 아래나 침실에서도 입에서 나가서는 안 될 말이 있다.

부인이 있는 침실이 아니면 감히 들어가서는 안 되며, 몸에 질

병이 있는 상태로 침실에 들어가면 안 되며, 상복을 입고도 감

히 들어가서는 안 되며, 음양의 조화가 깨져 하늘의 기운이

예사롭지 않은 날에도 헛된 욕심이 마음에 싹트지 않게 해야

한다.

삿된 기운이 몸에 깃들지 아니 하게 해서

자식을 낳는 것이 아버지의 도리다.

시경(詩經)에 말하기를 네가 집에 있어도 보고 있으니

신주에게 부끄럽지 않아야 한다.

보이지 않는다 해서 나를 보는 이가 없는 게 아니다.
귀신이 있는 것을 헤아리지 못할 뿐이다.

❖ 부부가 서로 믿고 존중할 때 마음 따뜻한 아기가 잉태된다.

부부는 아무리 편해도 막말을 하지 말아야 한다. 그리고 남편은 아내에게 폭력을 행사해서는 안 된다. 아내의 마음에 상처가 깊으면 남편에 대한 증오스런 마음을 태아가 그대로 닮는다. 바람을 피우거나 신중하지 못한 경거망동도 적대감을 안겨주게 된다. 남편에 대한 미움이 극에 달하면 아무리 착한 엄마라 해도 태아에게 해로운 행동을 할 수 있고, 태어난 아기가 아빠를 꺼리는 행위로도 나타날 수 있다. 태아는 아무런 죄가 없다.

아버지가 주의해야 할 점들을 조목조목 일렀다. 대부분 아내에게 심리적 영향을 주는 요인들이다. 잉태 시 부부 모두 마음이 편안하고 행복해야 마음씨 착하고 건강하고 총명한 아기가 태어난다는 신념에 근거한다.

서로 공경하고 업신여기지 말라고 훈계했다. 부부가 오랜 시간 함께 지내면 서로 편해져서 말과 행동을 함부로 하기 쉽다.

성종의 어머니 인수대비도 궁중 여인들의 교양서로 쓴 '내훈'에서 부부가 서로 가까워졌다고 함부로 말하면 폭력까지 발생할 수 있다며 삼가고 공경할 것을 타일렀다.

그러나 부부간의 공경은 고사하고 아예 존재 자체를 거부하는 경우도 생기지 않았을까 싶다. 얼굴 한 번 못 본 채 중매로 혼인한 부부끼리 외모건 심성이건 마음에 들지 않을 수 있기 때문이다.

조선 말기를 배경으로 한 최명희의 대하소설 '혼불'은 곱고 아담한 남편과 산처럼 크고 무뚝뚝한 아내의 중매혼을 그렸다. 혼인 전 사모하던 어여쁜 여성이 있던 남편은 아내를 거들떠도 안 보고 오랜 세월 독수공방시킨다. 참혹한 심정이지만 아내 효원은 아들을 낳기 위해 달의 정기를 마시는 흡월정의 정성을 다하며 남편을 기다린다. 그러나 남편은 어느 날 첫사랑을 안은 직후 아내가 거처하는 방으로 분풀이하듯 뛰어 들어가 아내를 강간하듯 덮쳐버린다. 아내는 치욕감에 몸서리치지만 여성에게 순종을 강요하던 시절이라 남편에게 저항 한번 못한 채 이를 악물고 참아낸다. 태교는 고사하고 원망과 미움이 컸던 그녀에게서 태어난 아기가 과연 정상적이었을까 싶다.

천재 여류시인 허난설헌도 마찬가지다. 소설 난설헌에도 묘사된 것처럼 부인에 대한 열등감에 사로잡힌 남편 김성립의 첩 생활에 마음을 끓인 난설헌은 자식들을 먼저 앞세우고, 자신도 27세의 꽃다운 나이에 세상을 등지고 만다.

이사주당은 아내의 침실이 아니면 들어가 거처해서도 안 된다고 충고했다. 조선 시대에는 남편의 첩 생활을 허용했지만, 질투라는 감정에 휘말린 아내가 어떻게 태아를 온전히 잘 키울 수 있었겠는가. 질투는 최고의 스트레스다.

유대인들은 경건한 자손을 낳기 위해서 어려서부터 모든 교육에 순결교육을 연결한다. 신과의 영적인 순결, 나라를 사랑하는 순결, 부부 간에 지켜야 할 순결을 자녀에게 교육으로 전수한다.

결혼식에 참석한 유대 하객들은 첫날밤 신부의 순결을 축하한다고 한다. 신랑도 결혼 전까지 순결을 지켜 서로가 신뢰와 사랑으로 믿음직스러운 가정을 이루니 자손이 행복한 축복 속에 태어날 수밖에 없다. 아기가 건강하고 총명함은 당연하다.

＊현대 의학에서는 임신부가 스트레스를 받지 않도록 조심시킨다. 스트레스성 호르몬이 태반을 통과해 태아에게 악영향을 줄 수 있기 때문이다.

태아에게는 충분한 산소와 영양 공급이 필수이다. 그러나 임신부가 스트레스를 받으면 아드레날린이 자궁 근육을 수축시켜 태아에게 가야 할 혈액량이 저하 된다. 혈액이 날라주는 영양과 산소 공급이 원활하지 못하게 될 경우 심하면 태아의 뇌 발달에 문제가 생기고, 유산 조산 등의 위험은 물론 태어난 후에도 장애가 생길 수 있다. 누구보다도 남편이 임신부를 행복하게 보호해야 하는 이유다.

胎敎之道 其責專在於父 태교지도 기책전재어부

夫告諸父母 부고제부모　聽諸媒氏 청제매씨　命諸使者 명제사자
六禮備而後 육예비이후　爲夫婦 日以恭敬相接 위부부일이공경상
첩　無或以藝狎相加 무혹이설압상가　屋宇之下 옥우지하　牀席之
上 상석지상　猶有未出口之言焉 유유미출구지언언　非內寢不敢
入 처비내침불감입처　身有疾病不敢入寢 신유질병부감입침　身有麻
布不敢入寢 신유마포불감입침　陰陽不調 음양부조　天氣失常不
敢宴息 천기실상부감연식　使虛欲不萌于心 사허욕불맹우심　邪氣
不設于體 사기불설우체　以生其子者 이생기자자　父之道也 부지도
야　詩曰시왈　相在彌室 상재미실　尙不愧于屋漏 상부귀우옥루　無
日不顯 무일불현　莫予云覯 모자운관　神之格思不可度思 신지격
사불가도사

　요새는 대부분의 남녀가 연애결혼을 한다. 그러나 만혼이 유행이다
보니 보통 30년 넘게 따로 살다가 가정을 이루게 된다. 오랜 세월 몸

에 밴 생각과 습관 때문에 서로 양보를 하려 들지 않는다. 불화가 걱정된다. 만혼의 부부들은 무엇보다 아기의 건강과 행복을 염두에 둬야 한다.

싸움이 잦은 부부 사이에서 태어나는 아기는 건강하고 행복할 리 없다. 태어난 후에도 싸우는 광경을 접하게 되면 자신이 보고 듣고 배운 대로 대물림해서 배우자와 싸우게 된다. 양보와 이해, 그리고 존중하는 법을 배우고 결혼해야 하는 이유다.

아버지 학교를 참관한 경험이 있다. 어렸을 때 어머니를 구타하는 아버지를 증오하면서 자신은 결코 아버지처럼 살지 않겠다고 다짐했던 한 남성. 그러나 어느새 자신도 아내를 때리고 있더라는 고백을 했다. 남성 중심의 조선시대는 아니지만, 대대로 보고 배운 것이 대물림돼 가정에서 아버지의 권위와 폭력이 대를 잇고 있음을 보여주는 예다.

대물림 끊어내기. 마음의 상처 치유하기.

혼인 전 예비 부부학교가 있어서 부부의 자세, 부모의 자세를 배우고, 혹 마음의 상처가 있는 사람들은 미리 치유를 통해 건강성을 회복한 후 혼인할 수 있도록 하는 제도 마련이 시급하다.

예비부부들은 우선 생을 돌아보며 자신을 제대로 알아야 한다. 짧은 인생에라도 혹 어떤 아픔이 있었다면 서로 고백을 통해 상처를 따뜻하게 보듬고 이해해주는 진실한 자세가 필요하다. 남녀의 차이에 대한 인식도 중요하다.

화성에서 온 남자, 금성에서 온 여자라는 책 제목처럼 남녀는 뇌 구조부터 차이가 있다. 상대의 입장에 서보는 것이 가장 기본이다. 남편과 아내의 역할에 대해서도 대화를 통해 알아가는 자세가 필요하다.

부모가 되면 태교 시절을 잊지 않기를 바란다. 애지중지하던 태아. 그런데 어느새 서너 살이 돼버린 아이 앞에서는 무서운 부모로 돌변해버리는 경우가 많다.

어린 자녀와 대화할 때는 마음 높이와 눈높이를 맞추려는 노력이 반드시 필요하다. 부모가 네 살 아이의 행동을 이해 못하듯 네 살 아이는 서른 살이 넘은 엄마 아빠의 행동을 이해하지 못한다. 그런데 아이는 이해 못해도 가만있지만 부모는 화를 내면서 아이를 가르치려 든다. 급기야 야단치고 때리기까지 한다. 아이가 생각하고 볼 수 있는 세상은 고작 4년이 전부인데 어른의 행동을 강요하니 아이가 이해할 수 없는 것이다.

계단을 밟아 올라가듯 한 단계 한 단계 배워나가면서 나아지는 게 부모자식 사이다. 부디 아이의 마음에 상처가 쌓이지 않도록 성숙했으면 좋겠다. 혹 상처를 줬으면 훗날에라도 사과해 상처를 아물게 해줘야 한다.

박완서의 소설 '참으로 놀랍고 아름다운 일'에 믿음직스러운 아빠가 등장한다.

아빠는 엄마의 배 속에 생긴 아기를 위해 자신이 할 수 있는 일이 무엇인지를 고심한다. 처음 아빠가 될 아빠는 어디에서도 아빠의 도리를 배우지 않았다. 그래서 아빠는 주위의 선배나 친구들을 찾아가 물었다. 돌아온 답변은 믿음직스러운 아빠가 되라는 뜬구름 같은 말이었다.

아빠는 믿음직스러운 아빠가 되는 방법을 밤새워 고민한다. 고민 끝에 아기가 태어날 세상을 믿음직스러운 곳으로 만들어 주기로 한다.

아빠는 태어날 아기를 위해 아기방에 예쁜 벽지를 붙이고, 아기 침대의 바퀴가 안전한지 살피고, 위험한 장난감은 없는지 살폈다. 그리고 집안뿐만 아니라 담장 밖의 일도 살폈다. 동네 놀이터의 끊어진 그넷줄을 고쳐 동네 아이들이 다치지 않게 했다.

아빠의 태교는 아기가 태어나 살게 될 세상을 살만한 곳으로 만들기 위한 위대한 태교다. 아빠가 된다는 것은 마음을 키우는 일이다.

제4절 몸과 마음을 바르게 해서 자식을 가르치는 게 어머니 책임이다

지아비의 씨를 받아 지아비에게 돌려줘야 하니

어찌 열 달 동안 몸을 사사로이 하겠는가.

예가 아니면 보지 말고,

예가 아니면 듣지 말고, 예가 아니면 말하지 말고,

예가 아니면 움직이지 말고, 예가 아니면 생각하지 마라.

마음과 지혜와 온몸을 모두 순리대로 바르게 해서

그 자식을 가르치는 것이 어머니의 도리다.

열녀전(列女傳)에 이르기를 부인이 임신하면 잘 때도 기울지 않아야

하고 앉아있을 때도 한편으로 쏠리지 말아야 하며,

한쪽 발로 서지 말고, 삿된 맛을 먹지 말며,

바르지 않게 베인 것은 먹지 말며, 바르지 않은 자리에 앉지 말며,

눈으로 삿된 색을 보지 말고, 귀로 음란한 소리를 듣지 말며

밤이 되면 눈 못 보는 악사로 하여금 시를 낭송하게 하고

바른 일을 이야기하게 해서 아들을 낳아야 용모가 단정하고
재주가 보통 사람을 넘는다.

❖ **임신부는 나쁜 생각과 행동을 일절 말며 위태로운 자세도 취하지 말아야 한다. 그런 다음 시낭송을 듣고, 바른 도리를 들으면 단정하고 재주가 보통 사람을 넘는 자식을 낳는다.**

임신부가 하는 모든 생각과 행동을 태아가 몽땅 기억에 저장하고 배워 나간다. 따라서 아기의 생애 최초 기억에 선을 남길지 악을 남길지는 어머니의 처신에 달렸다.

어머니가 매사 삼가면서 아름다운 시낭송과 바른 소리를 듣고 감화하면 태아는 이에 감응해 태어났을 때 용모가 빼어나고 재주가 뛰어나다.

주나라 문왕의 어머니 태임이 실천한 태교가 '열녀전'에 소개돼 있다. 어질고 총명한 군주로 추앙받는 문왕을 낳은 태교법이다. 조선의 여성들에게 태임은 본받고 싶은 여성이었으며, 양반가에서는 태임이 실천한 태교를 따르고자 했다.

태교하면 빼놓을 수 없는 신사임당 역시 태임의 태교를 본받았다.

사임당(師任堂)이라는 호는 태임을 스승으로 삼는다는 뜻이니 태임처럼 정성껏 태교를 했음을 짐작할 수 있다. 그러나 태임의 태교법은 간단한 감이 없지 않다.

"앉아 있을 때 바르게 앉아야 하며, 한 발로 서있지 말며, 바르게 잘라지지 않은 음식은 먹지 말며, 시를 낭송하게 하고, 바른 일을 이야기하게 해서……"

열 달 동안의 지침이라고 하기에는 부족함이 있어 보인다. 그러나 곱씹어 보면 매사를 조심해서 행동할 것과 시와 음악과 좋은 글귀를 들을 것을 당부하고 있으니 이보다 더 나은 태교법이 있을까 싶기도 하다.

어찌 됐든 이사주당은 태임의 태교법을 비롯해 전해오는 태교법이 구체적이지 않아 자신이 직접 태교 책을 썼다고 밝혔다. 즉, 예기 소의와 내칙 편에 빠진 것을 갖춰 태교신기라 칭한다고 했다. 이사주당은 중국과 조선의 의학서와 경서를 연구하고 4명의 자식을 통해 자신이 직접 경험한 실증적 내용을 종합해서 최고의 태교신기를 완성했다. 문 · 이과 융합 학문의 최고봉이라 할 수 있다. 태교신기가 쓰이기 전 이처럼 구체적이지 못한 태교 방법만으로도 성공적 리더나 대학자를 낳았으니 태교는 어머니의 평소 생활 자세와 인품에 기인하는 바가 크다고 하겠다.

우선 문왕의 어머니 태임의 면모를 보자. 태임은 평소 성품이 단정하고 정성스러웠으며, 덕행을 행했던 것으로 알려졌다. 또 늘 책을 곁에 두고 스스로 연마했던 여성으로 전해 오고 있다. 평소에 인격 수양에 정성을 기울였음을 알 수 있다.

이는 천재 아들 유희를 둔 이사주당도 다르지 않다. 이사주당 역시 어려서부터 책 읽기를 좋아했고, 혼인해서도 책 읽기를 게을리 하지 않았다. 이사주당(師朱堂)이라는 당호는 성리학을 집대성한 주희를 스승으로 삼는다는 뜻이니 그녀의 학문 세계가 어떠했는지를 바로 보여준다.

더욱이 이사주당은 경서를 읽은 대로 실천해 부모에게 효성스러웠으며, 자신의 일에 엄격했던 여성이어서 생전에 여군자로 불렸을 정도로 모범적이었다.

율곡의 어머니 신사임당 역시 시서화에 능했고, 특히 화가 신씨로 통했으리만치 그림에 뛰어난 실력을 보였다. 그녀는 과일과 꽃과 곤충을 그리는 섬세한 관찰력과 미를 대하는 아름다운 예술적 감수성으로 천재 율곡을 낳았다.

이들 여성은 임신 시 태아를 생각해 절제되고 안정된 임신 기간을 보냈으니 훗날 어진 정치로 대업을 이룬 문왕이나 대학자로 추앙받은 율곡이나 큰 학문적 업적을 남긴 천재 유희를 낳았음은 당연하다.

胎敎之責專在於女子 태교지책전재어여자

受夫之姓 수부지성 以還之夫 이환지부 十月不敢有其身 십월부
감유기신 非禮勿視 비례물시 非禮勿聽 비례물청 非禮勿言 비례물
언 非禮勿動 비례물동 非禮勿思 비례물사 使心知百體 사심지백
체 皆由順正 개유순정 而育其子者 이육기자자 母之道也 모지도
야 女傳曰 여전왈 婦人姓子 부인임자 寢不側 침불측 坐不偏 좌
불편 立不蹕 입불필 不食邪昧 불식사매 割不正不食 할부정불식
席不正不坐 석불정불좌 目不視邪色 목불시사색 耳不聽淫聲 이
불청음성 夜則令瞽 야칙령고 誦詩道正事 송시도정사 如此則生
子 여차칙생자 形容端正 형용서단정 才過人矣 재과인의

　요즘 엄마들은 태아가 훌륭한 인성을 가진 아기로 태어나 존경받으
며 살아가기를 소원한다. 그러나 엄마 스스로는 존경받을 행동을 잘하
지 않는다. 다만 존경받을 아기가 태어나기만을 바라고 있다.

　엄마와 태아는 탯줄로 연결된 한 몸이다. 태아는 엄마를 매개로 해
서 세상을 배우는데 엄마가 실천은 하지 않고 바라기만 하면 태아는
배울게 없다.

박완서의 소설 '참으로 놀랍고 아름다운 일'에는 임신한 젊은 새댁이 등장한다. 젊은 새댁은 아기를 가진 후에 생각이 많이 커졌다. 임신 전에는 울타리 속 안 마당만 쓸었지만, 임신 후에는 담장 밖 동네 사람들이 지나다니는 길까지 쓸고 있다.

이렇듯 엄마의 마음을 키우고 커진 대로 실천하는 게 중요하다. 마음과 행동이 따르지 않으면 태아가 닮을 게 없다. 이는 결국, 태아의 인성을 키워줄 기회마저 상실하고 마는 것이다. 마당을 청소하는 것처럼 생활 속 작은 선행이라도 실천에 옮기는 것이 중요하다.

소설 속 새댁은 이웃을 위해 마당 청소를 마치니 개운하고 기쁜 마음이었을 것이다. 그녀는 그동안 알뜰살뜰 모아 놓았던 돈으로 편안하고 따뜻한 아기 옷을 여러 벌 사고, 아지랑이처럼 가볍고 부드러운 아기 이불도 꾸몄다고 묘사돼 있다.

유대인들은 아기가 태어나면 율법이 쓰인 강보로 덮어 평생 율법에서 벗어나지 않는 삶을 살아가게 한다. 우리 임신부들도 아기 이불을 직접 만들어 아기가 지키며 살아가야 할 좋은 글귀를 수놓아 덮어주면 좋을 것 같다.

제5절 가정교육이 잘 돼 있어야 스승의 가르침이 빛난다

원문해석

아들이 자라서 머리를 뿔처럼 양쪽으로 묶을 나이인 8세가
되면 현명한 스승을 선택해서 따라야 한다.
스승은 입으로 가르치는 것이 아니라 몸소 보여 감동으로써 감
화시켜야 하는 것이 도리다.
학기(學記)에 이르기를 훌륭한 스승은
그 뜻을 이어받게 한다고 했다.

원문의역

❖ **가정교육이 잘 된 아이가 스승의 교육도 잘 받는다.**

유대인은 성공적인 교육을 위해 가정과 학교의 유기적 관계를 제도
적으로 보장하고 있다. 특히 학부모 회의를 자주 한다. 맞벌이 부부가
많아서 학부모 회의는 늦은 밤인 8, 9시에 소집된다. 주로 어머니만 참
여하는 우리와는 달리 그들은 남편까지 동행해 부부가 100% 수준으
로 참석한다. 부모의 사회적 지위와 학식이 높아도 스승의 권위를 높

이고 자신을 스스로 낮추니 아이는 스승을 잘 따르고 배운다.

이사주당은 선생님을 세 부류로 나누었다. 지식만 전달해 주는 평범한 선생님, 행동으로 보여주는 좋은 선생님, 감화를 주어 그 뜻을 따르게 하는 위대한 선생님. 물론 모두 다 존경해야 할 선생님이다. 하지만 이사주당은 자녀가 스승을 선택할 때 지식 전달만이 아니라 감화를 주고 뒤따를 수 있어야 한다고 말했다.

그런데 그보다 먼저 가정교육이 잘 돼 있어야 함은 당연하다. 우선 아이에게는 부모가 일차적인 선생님이다. 부모가 바르게 가르치면 아이가 사람의 도리를 잘하고 스승을 존경하게 된다.

우리나라와 유대 부모의 교육열은 세계적이다. 그런데 우리와 유대인의 교육은 질적으로 다르다. 우리가 성적과 암기 위주라면 그들은 바른 사람됨과 토론 위주의 교육을 한다. 아버지가 교육에 적극 참여하는 것도 다르다.

유대 격언집에는 하나님이 언제 어디에나 쫓아다니며 가르칠 수 없으므로 어머니를 만들었다고 한다. 아버지는 가정에서 자녀가 13세가 될 때까지 토라(율법)와 탈무드로 유대의 역사와 도덕과 율법을 가르친다. 선생님과 다를 바 없다.

유대인들은 자녀가 태어나면 무릎에 앉혀 놓고 토라를 들려준다. 율법이 머리와 가슴에서 떠나지 않게 하기 위해서다.

글자를 읽기 시작하는 4~5세에는 직접 토라를 읽기 시작하고, 10세에는 토라의 해설서, 즉 생활의 지침이 담긴 탈무드를 배운다. 13세에는 유대교 성인식을 치른다. 율법을 지킬 수 있는 충분한 나이로 보는 것이다. 이때까지의 교육은 아버지의 책임이다.

대부분 토라를 자연스럽게 암기할 수 있게 된다. 특히 유대인처럼 몸을 앞뒤로 흔들면서 외우는 자세는 두뇌 발달을 촉진하는 것으로 알려져 있다. 우리 옛 선비들도 몸을 좌우로 흔들면서 글을 읽던 모습이 떠오른다.

매주 안식일에는 아버지를 중심으로 가족 모두가 토라나 탈무드의 내용에 관해 토론과 발표를 한다. 올바른 인간의 도리나 유대 역사, 문화, 종교, 삶의 방향에 대해 지속적으로 심도 있는 공부를 한다. 이렇게 가정에서 진정한 교육이 이뤄지니, 그 연장선상에서 학교 교육이 성공할 수밖에 없다.

그뿐 아니라 끊임없이 외우고 토론하고 발표하는 과정이 뇌에 자극이 돼 뇌 성장을 촉진, 노벨상을 휩쓰는 원동력까지 갖추게 되는 것이다.

어찌 보면 우리의 옛 어머니와 할머니들도 모두 인생의 스승이었다. 이어령 전 문화부 장관은 어린 시절 어머니가 책을 읽어주던 기억을 잊지 못한다고 했다. 그는 어머니가 읽어주던 책을 어머니의 목소리가 담긴 근원적인 책이라고 표현하기도 했다.

어머니가 잠들기 전 머리맡에서 읽어주던 책 속에는 흥미진진한 모험과 삶의 진리가 담겨 있었다.

책이 귀하던 시절, 우리의 어머니와 할머니들은 옛날이야기를 통해 착하게 살면 복을 받는다는 내용의 권선징악의 삶을 교육했고, 훌륭한 스토리텔링도 가르쳤다.

며느리가 시아버지를 잡아먹으려는 호랑이에게 자신의 아기를 내주고 부모를 구하려 하니, 호랑이가 효성에 감복해 아기도 무사했다는 옛 이야기.

다소 허무맹랑한 것 같은 이 이야기를 들은 아이들은 동생이나 친구들한테 자신이 각색하고 덧붙인 훌륭한 이야기를 퍼뜨려 나가면서 자신도 올바르게 살 것을 다짐했고, 더불어 두뇌도 발달시킬 수 있었다.

요새는 가정에서 권선징악이 아니라 권악징선을 가르치려고 한다. 착하게 살면 바보라는 식이다. 그래서 가정이 무너지고 학교도 무너지는 것이다. 부모의 권위가 존중될 수 있도록 가정교육이 지혜롭게 바로 서야 한다. 또한 학교와 스승의 권위를 되살리기 위해 부모가 솔선해서 자녀의 스승을 존경해야 한다.

長之後責在於師 장지후책재어사

子長羈丱 자장기관　擇就賢師 택취현사　師敎以身 사교이신　不敎
以口 불교이구　使之觀感而化者 사지관감이화　師之道也 사지도야
學記曰 학기왈　善敎者 선교자　使人繼其志 사인계기지

태교 교육은 공교육 현장에서부터 이뤄져야 한다. 실질적인 인간 교육이다.

유치원, 초·중·고등학교 학생들에게 이제 태교는 상식이어야 한다. 한 중학교에서 이성 교제에 대한 특강을 의뢰받은 적이 있다. 태교를 추가한 강의 계획을 말했더니, 여성 교감 선생님은 너무 이르다며 난처해 했다. 그러나 태교 교육은 쾌락으로 치닫는 성문화에 제동을 걸고, 생명의 존중과 책임감을 부여하는 길이라고 믿는다.

실제로 보건복지부나 질병관리본부, 여성가족부 등의 조사 결과 10대 청소년들의 첫 성경험 나이가 그간 평균 13.6세였으나 2013년에는 12.8세로 낮아졌다. 보통 조사 대상자들은 초경을 11.7세에 시작해 초등학교 5, 6학년에 첫 성경험을 하는 것으로 조사됐다. 이들 가운데 57.2%는 피임을 거의 하지 않았고, 25% 정도가 임신한 것으로 조사

됐다. 가출 청소년 가운데 임신한 경우 낙태율은 70% 정도(서울시 조사)에 이른다. 어린 나이에 한번 성경험을 해본 아이들은 무분별하게 성행위에 노출되기 쉽다.

최근 보도에 따르면 임신 전 건강관리 부실 때문에 저체중아나 조산아 출산도 급증하고 있다. 그럼에도 결혼을 안 한 여성들은 산부인과에 대한 세상의 시선 때문에 적기 진료를 제대로 받지 못한다.

부인과 진료와 태교에 대한 사회적 인식이 바뀌어야 한다. 이사주당도 이야기했지만 생명 문제는 예방이 중요하며, 그것이 바로 태교의 가치다. 태교는 인간의 종족을 이어나가는 인간사의 가장 중요한 교육이다. 그러나 어느 교육 기관에서도 제대로 알려주지 않는다.

임신에 대한 교육과 상식의 수준에 따라 임신부의 생활 습관이 다르다는 조사 결과도 있다. 스웨덴과 뉴질랜드 연구기관의 발표에 의하면 태교 상식을 알게 되면서 임신 중에 금연하는 등 아기를 위해 생활 습관을 바꾸는 것으로 나타났다.

저출산 시대에 국가 경쟁력을 높이고, 자칫 장애 등에 대한 국가 비용을 줄일 수 있는 태교 교육이 하루라도 빨리 제도적으로 시행돼야 한다. 연간 저출산 비용으로 쏟아 붓는 비용만 해도 엄청나다. 그럼에도 출산율은 오히려 저하되고 있다. 무상보육이나 보육 인프라에 투자하는 것 못지않게 한 명의 아기라도 건강하고 총명하게 낳을 수 있다는 희망을 주는 태교 정책은 저출산 극복의 대안이 될 수 있다.

일본은 일제 강점기인 1932년, 한눈에 태교신기의 가치를 알아보고 곧바로 일본어로 번역해 일본 여자 중고등학교 교과서로 사용하는 등 태교 대중화에 나섰다.

제6절 자식이 재주와 지혜가 있고 나서 스승의 책임을 논하라

기혈이 막혀 지각이 순수하지 못한 것은 아버지의 허물이요,

형질이 병약하고 견문이 좁으며

재능이 없는 것은 어머니의 허물이다.

이러한데도 스승에게 책임을 묻는다.

스승이 가르치지 못하는 것은 스승의 책임이 아니다.

❖ 임신 환경이 점점 더 나빠지기 때문에 태교는 더욱더 해야만 한다.

태교의 효력은 과학적으로 증명되고 있다. 그러나 현대 사회는 각종 환경오염 및 먹거리 문제 등 임신 여건이 점점 악화되고 있다. 더구나 어린 미혼모와 만혼 임신부가 늘면서 장애아, 저체중아, 조산아 등 아기의 건강이 담보되지 못하고 있다. 기본 여건이 좋지 못하니 태교는 더욱 필요하다. 정성껏 태교를 한다면 분명 건강하고 재능 있는 아기

를 낳을 수 있다.

아버지, 어머니, 스승이 인간 교육의 연결 선상에 있다. 이사주당은 아버지가 두뇌를, 어머니가 형상과 재능을, 스승이 가르침을 준다고 했다. 부모는 배 속에서 잘 만들어서 스승에게 인계해야 하는 책임이 있다. 아이의 기본은 엉망인데 스승에 대한 기대만 커야 소용없다.

우리나라는 소주를 포함한 증류주 분야의 독주 소비량 세계 1위를 차지하고 있다. 알코올은 생식세포를 해쳐 알코올 중독 남자의 정액에는 발육 부진 및 활동하지 않는 정자가 많다. 또 수태 능력도 떨어지고, 수태 돼도 지능이 떨어지는 자식을 낳을 수 있다. 특히 여성의 경우 알코올 중독이거나 술 취한 상태에서 임신하면 태아가 기형이거나 저능아가 태어날 확률이 있다.

임신 중에도 술을 마시게 되면 역시 기형과 지능 장애뿐만 아니라 얼굴이나 머리 등에 이상이 있을 수 있다. 또 우울증과 행동장애도 나타날 수 있다. 담배 역시 치명적이다. 담배는 체내에서 일산화탄소를 발생시켜 산소량을 줄어들게 한다. 뿐만 아니라 혈관을 수축시켜 태반으로 흐르는 혈액의 양을 줄어들게 해 충분한 산소와 영양 공급을 받지 못하게 한다. 따라서 임신 중 흡연이나 간접흡연은 저체중아, 미숙아, 기형아를 출산할 수 있으며, 발육 부진과 정신 장애를 가질 수 있다.

마약이나 성병에 걸린 상태에서 잉태하게 되는 경우도 마찬가지다.

부부가 아기를 갖고자 한다면 일찍부터 계획적인 임신이 되도록 신중하게 처신해야 한다.

배 속에서부터 건강을 지켜주고 총명함을 키워준 후에야 좋은 스승을 찾을 권리도 생기는 것이다.

논어에 "태어나면서 아는 자가 최상이요, 배워서 아는 자가 그다음이고, 막힘이 있어서 열심히 노력해야 아는 자가 그다음이다"라고 했다.

좋은 영향력을 받은 아기는 건강하고 총명해서 하나를 가르치면 열을 알게 될 것이고, 나쁜 영향력을 받은 아기는 스승의 가르침을 잘 흡수하지 못하게 됨이 당연하다.

원문

子有才知然後專責之師 자유재지연후전책지사

氣血凝滯 기혈응체　知覺不粹 지각불수　父之過也 부지과야　形質
寢陋 형질침누　才能不給　재능불급　母之過也 모지과야　夫然後責
之師 부연후책지사　師之不教 사지불교　非師之過也 비사지과야

부부의 몸과 마음이 건강하면 태어나는 아기의 몸과 마음도 건강하다. 체르노빌 원전사고나 후쿠시마 원전 사고, 9·11테러같은 부부의 의지와 무관하게 태아에게 악영향을 끼치는 불가항력적인 경우도 있다. 하지만 대부분 부모 노력 여하에 따라 장애로부터 안전하게 건강한 아기를 출산할 수 있다.

임신 전에 병이 있는지 검사해서 미리 치료를 마쳐야 한다. 풍진 등 예방 접종 여부를 확인해야 한다. 임신 3개월 전부터는 부부가 엽산을 섭취하도록 한다. 임신 초기에는 태아의 기관이 형성 중이므로 감기약이나 항생제 등 각종 약물과 방사선 위험이 있는 엑스레이, 사우나, 과격한 운동, 장거리 여행 등을 조심해야 한다.

고기는 생식을 하지 말고 익혀서 먹도록 하며, 우리나라에서 생산된 제철 재료를 사용해 농약으로부터 안전한 양질의 음식을 섭취하는 것도 중요하다.

정기적 검진을 받고, 마음을 긍정적이고 평화롭게 가지면 건강하고 총명한 아기를 출산할 수 있다. 궁금한 점은 담당 의사에게 꼭 상담을 하는 게 안전하다.

아버지 어머니의 열 달 동안의 낳음과 기름은 우주와의 교감, 우주 쇼라고 할 수 있다.

어머니 배 속에는 작은 소우주가 만들어지는 대단한 일이 벌어지고 있다. 무려 3억~5억 마리의 정자가 난자를 향해 질주하는 모습을 상상해보라. 엄청난 대 사건이 아닐 수 없다. 우리 눈에 보이지 않기에 그 장엄하고 광대한 스케일의 쇼를 모르고 지나칠 뿐이다. 우리 몸에서 일어나는 일을 우리는 전혀 알지 못하고 눈치조차 채지 못한다.

아버지와 어머니는 모두 자기 몸속에 자신을 닮은 정자와 난자를 가지고 있다. 그러나 그 정자와 난자를 상상해본 적도 없다. 그 정자와 난자가 사랑스러운 아기가 될 것이라는 생각은 더더군다나 해본 적이 없다.

정자가 만들어낼 얼굴을, 혹은 심성을 상상해 본 적이 있는가?

난자가 만들어 낼 얼굴을, 혹은 심성을 상상해 본 적이 있는가?

오늘부터라도 배 속 씨앗들의 얼굴과 심성을 상상해 보자. 성품이 훌륭하고 건강한 정자와 난자를 꿈꾼 아버지와 어머니가 만나 잉태하면, 어찌 훌륭한 인품과 건강한 신체를 가진 총명한 아기가 태어나지 않겠는가.

● 태교신기 부부 10계명 ●

1. 태교는 효와 예를 아는 훌륭한 배우자와의 만남에서
   부터 시작한다.
2. 태교는 태아의 맑은 심성을 지켜주는 것이다.
3. 태교는 아버지의 건강한 몸과 마음에서 시작한다.
4. 태교는 어머니가 바른 마음으로 태아를 기르는 것
   이다.
5. 태교는 부부가 서로 공경과 사랑을 하여 태아를 행복
   하게 해주는 것이다.
6. 태교는 온 가족이 임신부를 아끼고 보호하는 것이다.
7. 태교는 시낭송과 좋은 경구와 음악을 듣고, 고귀한 그
   림을 감상하는 것이다.
8. 태교는 절제를 미리 가르치는 것이다.
9. 태교는 양생과 거처에 조심하는 것이다.
10. 태교는 잘 먹고 고른 영양을 섭취하는 것이다.

●예비부부 맹세●

1. 여자와 남자의 차이, 남편과 아내의 역할을 이해한다.

2. 나의 인생을 돌아보며 마음의 상처를 치유한다.

3. 건강을 점검하고, 병이 있으면 치료한다.

4. 한 가정을 이끌 평생의 큰 계획을 10년 단위로 세운다.

5. 신혼 계획 일 순위로 자녀 계획을 세운다.

6. 어떤 부모가 될 것인지 서약서를 작성한다.

7. 어떤 자녀로 키울 것인지 서약서를 작성한다.

8. 머리가 아닌 가슴으로 대화하고, 가슴보다는 삶으로 감동주기.

9. 가정 경제 계획을 세운다.

10. 서로의 부모에게 효도할 것을 약속한다.

제2장
시작이 중요하다

제2장
시작이 중요하다

제1절 사물의 성질은 배태 시에 연유한다

무릇 나무는 가을에 싹을 배니 비록 나무가 무성하나

곧게 뻗어 나가는 성질이 있고,

쇠는 봄에 배태되니 비록 세고 날카롭지만 오로지 녹아서

합쳐지려는 성질이 있다.

태는 성품의 근본이다. 한번 그 형태를 이루고 난 후

가르치는 것은 끝이다.

❖ 세 살 버릇 여든 간다는 속담처럼 한번 입력된 정보는 바꾸기 어렵다. 열 달 기억은 영원히 간다.

신생아에 가까울수록 뇌는 소위 신의 영역이라고 할 정도로 배워나가는 흡수력이 엄청나다. 그러니 태중에서 뇌가 형성 될때 입력되는 정보의 흡수력은 얼마나 더 강력 할까. 성품 교육이 배 속에 있을 때와 태어난 후 다를 수 없겠지만, 최초로 강력하게 각인되는 성품은 반듯해야 한다.

해설1

봄이 되면 두꺼운 나무껍질을 뚫고 새로운 생명이 움터 나오는 것을 보면서 봄이 생명을 잉태해 낳았다고 생각한다. 그러나 사실은 낙엽을 떨어뜨릴 때 가을이 씨눈을 잉태한 것이라고 한다.

나무가 부러지는 것을 보면 무른 것 같아 보이지만 곧게 뻗어나는 성질은 이처럼 가을의 기상을 호흡해 생명이 배태되었기 때문이라는 것이다.

쇠 역시 겉으로 보기에는 단단하고 강해 보이지만 따뜻한 봄에 배태되어 녹아내리고 엉키는 성질이 있다고 설명하고 있다.

이사주당은 인간의 성품도 배태 순간이 어떠했느냐에 따라 달라지는 것으로 보고 있다. 아기는 열 달의 기억을 고스란히 간직하고 태어난다. 온유하고 사랑하는 마음이 충만한 상태에서 잉태해, 열 달간 조심스럽게 길러진다면 따뜻하고 사랑스러운 성품을 가진 아기가 태어날 것이다.

그러나 그 반대라면 누구에게도 사랑받지 못하는 성품을 지니고 태어날 것이다.

이사주당은 생명이 처음 출발하는 시점에 성품의 정보가 알알이 입력됨을 나무나 쇠를 통해 상기시켰다. 한번 형성된 틀을 나중에 고칠 수도 없으니, 고칠 생각을 할 것이라면 애초부터 부모 노릇을 잘 할 것을 일깨우고 있다.

원문

物之性 由於胎時之養 물지성 유어태시지양

夫木胎乎秋 부목태호추 雖蕃廡 수번무 猶有挺直之性 유유정직
지성 金胎乎春 금태호춘 雖勃利 수경리 猶有流合之性 유유유합
지성 胎也者 태야자 性之本也 성지본야 一成其形而教之者末
也 일성기형이교지자말야

해설2

부모 노릇 잘하는 부모다운 부모란 어떤 부모일까. 아기를 건강하고 올곧게 출산하기 위해서 좋은 계획과 실천을 하는 부모다. 자신의 성질을 다스릴 줄 알아서 함부로 성내지 않는 부모다.

주변 사람들과도 잘 지내며 인심을 베풀 줄 알아 이다음에 아이가 커서 이웃과 잘 어울리고 나눌 줄 아는 삶을 살아가게 해주는 부모다.

아름다운 이야기, 인간의 참된 도리를 태아에게 들려주면서 바르게 클 수 있도록 이끌어 주는 부모다.

또한 임신 전에 건강을 점검해서 임신 후에 태아를 힘들지 않게 예방하는 부모다. 임신 중에 필요한 영양소나 음식에 대한 상식을 미리미리 알아두고, 임신 후에는 즐겁게 실천하는 부모다. 가볼 만한 곳, 배울만한 것도 챙기고, 부부의 사랑을 돈독히 하기 위해 최선을 다하는 부모다. 이처럼 준비가 야무진 부모에게서 태어나는 아기는 축복받으면서 태어나는 행복한 아기다.

반대로 부모 노릇을 제대로 하지 못하는 부모는 어떤 부모일까. 임신 준비는 고사하고 부부싸움 후 미움이 극에 달한 상태에서 잉태하는 부모다. 임신 중에도 집안이 떠나가라 부부싸움을 하는 부모다. 임신 사실을 부정하고, 태아를 원망하고, 심지어 낙태까지 고려하는 부모다. 또한, 음주 후 무책임하게 덜컥 임신하는 부모다. 병이 있는데도 치료하지 않고 임신을 하는 부모다. 임신 중에도 음주와 담배를 태연스럽게 하는 부모다.

이런 악조건을 꿋꿋하게 견뎌내고 훌륭한 아기가 태어날 수도 있지만, 가녀린 아기가 감당하기에는 너무 힘든 상황이다.

한 임신부가 임신 중에도 줄담배를 피웠다고 한다. 그 아이의 얼굴 반쪽에 흰 눈동자까지 포함해서 검은 반점이 드리워져 있다고 했다.

이제 중학생이 된 여자아이는 자신의 얼굴이 왜 그러한지를 알고 있다고 했다. 자식은 부모의 몸을 빌려 이 세상에 태어날 수밖에 없다. 그러나 부모가 아이의 인생을 망쳐놓을 자격은 없다.

유대인은 자녀의 탄생에는 하나님의 특별한 뜻이 있다고 생각한다. 그래서 그들은 자신들의 몸을 빌려 이 세상에 태어날 아기를 경건하게 맞이하기 위해 최선을 다한다. 가정에서 교육을 할 때도 자기 마음대로 하는 게 아니라 율법에 따라 교육을 잘 해 그 아이들이 신이 기뻐하는 세상을 만들 수 있도록 한다. 우리는 그들처럼 자녀를 낳고 기름에 있어 일관되게 정성을 다하는 자세를 배워야 한다.

제2절 자식을 큰 그릇으로 키우는 길

남방에서 배태되면 입이 크다.

남방 사람들은 너그러워서 어짊을 좋아한다.

북방에서 잉태되면 코가 높다.

북방 사람들은 고집이 세고

강하며 의를 좋아한다.

기질의 덕이다. 열달 동안 감화하여 얻어지니

군자는 반드시 삼감이 태내로부터 돼야 한다.

❖ 군자를 낳는 것은 군자다. 군자를 낳고 싶으면 부모가 먼저 군
자가 되라.

소인배가 군자를 낳을 수 있을까. 소인배는 이익을 좇는 사람이고,
군자는 의로움을 좇는 사람이다. 소인배는 소인배를 낳고, 군자는 군자

를 낳는 게 당연하다.

만일 누군가 군자를 낳고 싶다면, 특히 소인이 군자를 낳아보고자 한다면, 그 부모가 먼저 군자다운 마음가짐과 행동으로 제2의 탄생을 해야 한다. 그 집안의 가족들도 군자다운 마음으로 돌아서야 한다. 그래야 열 달 동안 태아는 군자의 기운으로 군자답게 자라게 된다.

해설1

학자 집안에서 학자가 나오고 도둑의 집안에서 도둑이 나오는 것은 그 집안 가풍의 영향을 받기 때문이다.

봄이 되면 따스한 봄바람이 가지에 스쳐 싹을 돋게 하고, 가을이 되면 시원한 가을바람이 나뭇잎을 스쳐 낙엽을 떨어지게 하듯 모든 존재는 내외부의 상황에 적응하면서 감화를 받게 돼 있다.

태아는 어머니 배 속에 있지만 가깝게는 열 달 동안 할머니 할아버지, 그리고 고모, 삼촌 등 온 가족들에게 둘러싸여서 그들의 영향을 받게 된다.

집안의 분위기는 자연히 태아에게 전해지게 되니 부모는 당연하고 가족 모두가 삼가고 삼가야 한다.

원문

人之性由於胎時之養 인지성유어태시지양

胎於南方 태어남방　其口閎 기구굉　南方之人 남방지인　寬而好

仁 관이호인　胎於北方 태어북방　其鼻鼻魁 기비괴　北方之人偏

強而好義 북방지인글강이호의　氣質之德也 기질지덕야　感而得乎

十月之養 감이득호십월지양　故君子必愼之爲胎 고군자필신지위태

아이를 어떤 사람으로 키우고 싶은가?

코이라는 신기한 물고기가 있다. 원래 이 물고기는 4~5cm 크기인
데 커다란 어항에 넣어주면 크게 자라고, 작은 어항에 넣어주면 작게
자란다고 한다. 즉 환경대로 물고기가 자라는 것이다. 아예 연못 속에
서는 3m까지 자란다고 한다. 참으로 신기한 물고기다.

우리 아이들도 이와 마찬가지다. 원래 가지고 있는 자질이 마치 고
무줄처럼 유연해 그 이상도 이하도 될 수 있다.

환경이 좋고 나쁨에 따라 자신의 능력을 100% 이상 발휘해서 큰 인
물이 되기도 하고, 능력의 몇 %도 발휘하지 못해 실패한 인생을 살기
도 한다.

성품과 행실 재능 모두 그러하니 열 달을 배에 품고 있는 엄마는 태
어날 아기를 위해 품을 넓힐 것인지, 좁힐 것인지 잘 선택해야 한다.

●예비 부모 맹세●

1. 태교신기를 공부한다. (유대인들이 수천 년 동안 내려
   오는 경전과 탈무드에서 지혜를 얻듯, 우리는 고전 태
   교신기에서 인간학을 배운다.)
2. 술 담배를 끊는다.
3. 인스턴트식품, 가공식품은 끊고 싱싱한 재료로 건강
   한 식사를 한다.
4. 부부가 함께 가벼운 운동과 명상으로 몸과 마음을 맑
   게 한다.
5. 아름다운 음악과 독서를 통해 마음의 양식을 키운다.
6. 부모에게 효도한다.
7. 불쌍한 이웃을 돌아보는 마음가짐과 실천 자세를 갖
   는다.
8. 태교 계획서를 만든다. 임신 중에 꼭 하고 싶은 다섯
   가지를 정한다.
9. 엄마의 역할과 아빠의 역할을 알아본다.
10. 부부싸움을 하지 말고 임신 기간 동안 가장 행복할
    것을 다짐한다.

제3장

태교는 인간학,
효자가 효자를 낳는다

제3장

태교는 인간학, 효자가 효자를 낳는다

제1절 태교는 절제를 미리 가르치는 것이다

원문해석

옛날 성왕은 태교의 법이 있어 잉태한 지 3개월이 되면

별궁으로 거처를 옮겨 눈으로 사특한 것을 보지 않고,

귀로는 망령된 말을 듣지 않고,

음악 소리와 맛있는 음식은 예로서 절제했다.

이는 미리 가르치고자 함이다.

자식을 낳아서 그 조상을 닮지 않으면 불효와 같다.

그러므로 군자는 그 가르침을 미리 해야 한다.

시에 이르기를 효자가 끊어지지 아니하여

영원히 너에게 효자를 준다.

❖ 태교는 참고 절제하는 것을 미리 가르치는 것이다. 현대 부모들이 관심있는 EQ(감성지수)가 풍부한 아이로 키우는 길이다.

날씬해지고 싶으면 아무리 맛있는 음식이라도 먹을 만큼만 먹고, 운동해야 한다. EQ가 뛰어난 사람은 목표를 이루는 절제력이 있고 주변 사람과 조화를 이루거나 자신의 고통을 참아낼 수 있는 인내력이 강하다. 임신부는 매사를 귀찮다고, 혹은 맘 내키는 대로 해서는 안 된다. 품격 있게 스스로 마음을 잘 다스려 태아가 배울 수 있게 해야 한다.

해설1

옛날 양반가에서는 임신 3개월이 되면 뒤뜰의 별당으로 거처를 옮겼다. 특히 왕실에서는 별궁으로 거처를 옮겨 험한 것을 보고 듣지 않도록 주변의 환경을 차단했다.

임신 3개월은 태아가 신체의 기관 형성을 마치고, 눈·귀·코·뇌 모두 본격적으로 성장 발육에 돌입하는 시기여서 태아의 보고 듣는 것을 조심하기 위함이다. 임신한 왕비는 별궁에 거주하면서 매사 조심하고 철저히 금욕 생활을 했다. 예쁘고 바른 것만 보았고, 대신들이 낭송해주는 경서의 좋은 이야기만 들었으며, 고운 언행을 실천했다.

또한 왕비는 자신의 처소에 있는 십장생 병풍 그림을 보면서 장차 태어날 아기가 장수하기를 바라는 마음으로 태어나면 입힐 누비옷을 직접 꿰매었다.

한 땀 한 땀 바느질 하는 손길에 정성과 섬세함, 그리고 아기를 생각하는 마음을 듬뿍 담았다.

그러나 단순하게 아름답고 우아한 태교만을 추구하지 않았다. 장차 나라의 왕이 될 태아이기에 최고의 지도자로서 손색없도록 기본을 만들어 주는 것이 더 큰 목표였다. 그래서 음악 소리와 맛있는 음식도 예로서 절제했다. 큰 목표를 이루기 위해서는 내적인 힘이 필요하기 때문이다. 이는 절제를 가르치고자 함이었다.

실제로 EQ가 뛰어난 아이들은 자기 절제를 통해 목표를 달성할 수 있는 내적인 힘이 강하다. 유명한 마시멜로 실험은 이를 잘 설명해 준다. 4세 된 어린이들을 대상으로 마시멜로를 먹지 않고 15분간 참아 내면 마시멜로를 한 개씩 더 주겠다고 한 실험에서 잘 참아낸 아이들은 훗날 공부도 잘하고, 성공적인 삶을 살아가고 있음이 확인됐다.

조선 왕실은 EQ가 뛰어난 제왕을 길러냈다.

이 모든 과정은 조상들의 빛나는 삶을 훼손하지 않고 닮고자 하는데서 비롯된 진정한 효의 길이었다. 결국, 조상들이 지켜온 삶의 가치를 자자손손 이어나가게 되는 것이다.

이사주당은 '시경'을 근거로 해서 "태교를 하는 이유가 조상을 닮은 효자를 낳기 위함"이라고 명시했다.

유대인들도 "부모를 웃게 하면 하나님도 웃는다"고 하면서 부모에 대한 공경과 효도를 최고의 가치로 여기고 있다.

원문

人有胎敎而其子賢 인유태교이기자현

古者聖王 고자성왕 有胎敎之法 유태교지법 懷之三月 회지삼월
出居別宮출 거별궁 目不衰視 목불사시 耳不妄聽 이불망청 音聲
滋味 음성자미 以禮節之 이례절지 非愛也비애야 欲其敎之豫也
욕기교지예야.
生子而不肖其祖 생자이불초기조 比之不孝 비지불효 故君子 고
군자 欲其敎之豫也 욕기교지예야
詩曰 시왈 孝子不匱 효자불궤 永錫爾類 영석이류

해설2

과거에는 별궁에 옮겨 앉는 것만으로 외부의 원치 않는 모든 것들과
의 차단 효과가 있었다. 그러나 요즘은 텔레비전·인터넷·영화·스
마트폰까지 우리의 눈과 귀를 자극하는 온갖 매체가 삶의 곳곳에 포진
돼 있어 절대 쉽지 않다.

임신부는 태아가 있는 상태이기 때문에 열 달 동안 의지를 가지고
매체로부터 거리를 둬야 한다.

물론 유익한 다큐멘터리나 어린이 방송 등 선별적으로 프로그램을 골라 보는 것은 괜찮다.

우연히 방송에서 모피 획득 과정을 다루는 프로를 봤다. 차마 눈 뜨고 볼 수 없는 잔인한 장면과 비명 소리가 경각심을 주기 위해 걸러지지 않고 방영됐다. 보는 동안 속이 메슥거렸고, 머릿속에 강력히 각인됨을 느꼈다. 당연히 임신부나 태아가 봐서는 안 될 장면이다.

임신부가 아무리 공포영화광이라도 열 달 동안은 자제해야 한다. 두려운 마음, 공포스러운 음악, 잔인하고 무서운 장면 등 태아에게 공포 종합선물세트라도 전달하려는 뜻이 아니라면 삼가야 한다.

뇌 속에 어떤 장면이 저장되고 훗날 그 장면이 어떻게 작용할까 생각하면 당연히 참아야 한다. 공포감은 심하면 손쓸 겨를도 없이 자율신경 실조증으로 이어져 사망에도 이르게 한다. 태아는 더욱 순식간이다. 엄마가 본분을 지키는 것이 중요하다.

옛 우리 왕실에서는 왕비가 임신하면 죄인의 고문, 심지어 사냥이나 도살도 금했다. 끔찍한 소리, 안 좋은 기운이 혹 아기에게 영향을 끼칠 것을 우려했기 때문이다.

9·11테러로 뉴욕 쌍둥이 빌딩 붕괴 후 주변에서 태어난 아기들 가운데 장애아가 많았다고 한다. 임신부의 심한 스트레스는 태아에게 치명적이다. 산부인과 의사들은 뉴스를 딱 1년만 피할 것을 권장하고 있을 정도다.

가을 토담과 어울리는 붉은색 맨드라미의 유혹을 아시는지요?

꽃잎에 물든 아침 햇살이 환하게 빛나고, 마음이 울렁입니다.

신사임당의 초충도 가운데 맨드라미와 쇠똥벌레가 떠오릅니다. 화가 신 씨로 불렸던 신사임당은 가을 햇살에 반짝이는 맨드라미를 무심히 지나칠 수 없었나 봅니다.

강릉 오죽헌 초입에 피어있는 맨드라미는 신사임당이 보았던 바로 그 꽃일 것 같습니다. 닭 벼슬을 닮아 계관화라고도 부르는 맨드라미는 벼슬과 출세를 상징하는 꽃이라고도 합니다. 꽃을 보고 마음이 움직여 그림 태교를 했을 신사임당을 떠올려봅니다.

그에 비해 이사주당은 경서를 읽는 데 시간을 쏟았을 것 같습니다. 가을을 여유롭게 걸으면서 멋스럽게 태교를 하는 옛 왕비의 모습을 상상해 봅니다.

제2절 태교를 하지 않으면 자식이 못나고 어리석다

요즘 임신부들은 반드시 기괴한 맛을 즐김으로써

입을 즐겁게 하고, 반드시 시원한 집에 머물면서 몸을 편안하

게 하며 한가하게 있으면서 즐거움이 없으면 사람으로 하여금

허황한 말로 웃기게 한다.

임신하고도 집 안 사람을 속이고

마침내 오래 누워있으면서 항상 잠만 잔다.

집안을 속여 그 기름을 다하는 것을 못하게 하고

오래 누워 있으면서 항상 잠만 자니 피의 움직임과 기의 움직임이

정체되고 멈춰 그 섭생을 어그러지게 하고

임신부를 위하는 것을 늦게 하게 한다.

오로지 이러한 고로 그 병을 더하게 해서 출산을 어렵게 하고

그 자식을 불초하게 해서 그 가문을 추락시킨 연후에야

원망을 운명으로 돌린다.

❖ **임신하는 그날부터 엄마가 지녀야 할 자세를 갖춰야 한다.**

임신부가 여전히 아이들처럼 행동해서는 안 된다. 임신부가 임신 전하던 대로 편하게 행동하는 것은 태아에 대한 인식이 거의 없기 때문이다. 임신하는 순간부터 아기를 보호해야 하는 엄마 본능이 발동해야한다. 자식을 위하는 것뿐만 아니라 집안의 가풍을 반듯하게 세워나가고자 하는 의지 또한 필요하다.

요즘은 가문이라고 할 것도 없고, 가족 해체가 가속화되는 추세지만 자기 가족에 대한 자부심을 가져 행실과 의식을 모두 바르게 해야한다.

집안을 무너지게 하느냐, 세우느냐는 한순간이다. 마음먹기에 달렸다. 무너진 삶은 참으로 보기에도 좋지 않다. 어머니답게 깨어있어야한다.

이사주당이 태교신기를 쓴 것은 조선 후기다. 조선 후기에 특이한맛이 나는 음식으로는 무엇이 있었을까 궁금하다.

서양 선교사가 청나라나 일본에 전했다는 카스텔라나 튀김류를 우리나라 사신 등이 먹어보고 전하지 않았을까 싶다.

양반 댁 며느리나 잘사는 역관 집 딸들이라면 이런 귀한 음식을 접했을까 싶지만, 그도 쉽지 않았을 것으로 보인다. 어쩌면, 무역이 이뤄지는 왜관 등 외국인이 드나드는 곳에서는 양반뿐만 아니라 일반인 외국의 음식을 접해보았으리라.

당시 색다른 맛이라고 해도 대부분 자연의 음식재료에서 크게 벗어나지 않은 음식이었을 것이다. 그럼에도 이사주당이 특이한 맛을 경계한 것은 아마도 새로운 음식에 대한 거부감과 염려 같은 게 아니었을까 싶다. 하긴 처음 맛보는 색다른 음식이라면 몸에 물의를 일으킬 수도 있을 것 같다.

대하소설 도쿠가와 이에야스를 보면 일본 에도막부의 초대 쇼군인 이에야스가 죽게 된 원인은 서양식 튀김 요리를 생전 처음 먹고 탈이 났기 때문이다. 평생을 소박한 음식만 먹어오던 사람이 기름으로 속을 도배했으니 생경한 음식에 속이 놀랐을 법도 하다.

이사주당은 누워서 잠만 자는 것도 경계했다. 태아가 거대해져서 분만이 힘들기도 하지만, 적당한 산책이나 운동은 혈액순환을 돕고 부종도 예방해 준다.

임신부의 적당한 운동은 태아의 두뇌 발달을 좋게 해준다는 연구 결과도 있다. 캐나다의 한 대학이 연구한 결과, 임신 시 운동이 두뇌 발달을 촉진하는 것으로 나타났다. 이는 또 아이가 성장하면서 언어능력의 발전으로 이어진다고 했다. 아이를 건강하고 똑똑하게 만들려면 임신부가 절대 게을러서는 안 되는 이유다.

그런데 당시 임신부들은 왜 임신 사실을 숨기려 했던 걸까. 태교의 맥이 끊어져서일까, 아니면 단순하게 철이 없어서일까? 혹은 아들을 바라는 가족들의 스트레스를 피하기 위해서였을까.

어찌 됐든 이 같은 행위는 자식의 건강을 해치는 것은 물론 자식을 어리석게도 할 수 있음을 이사주당은 걱정했다. 이사주당이 지적한 대로 가문을 추락시킬 수도 있는 위태로운 일이었다.

조선 시대에는 아들이 벼슬길에 올라 가문을 빛내는 것이 가족 구성원의 바람이었다. 여성의 경우 시집가기 전에는 아버지의 벼슬이, 결혼해서는 남편의 벼슬이, 아들을 낳고서는 아들의 벼슬이 삶의 지위와 보람을 보장해주는 길이었다. 여성들은 여성으로 태어난 것을 원망하는 가운데서도 마음 한구석에 정성을 다해 가문을 유지하고자 하는 욕망 또한 있지 않았을까 싶다. 물론 이사주당은 천재 아들을 두었음에도 천진(天眞)을 지키라며 벼슬길에 나가지 말라고 했다.

수많은 가문 가운데 특히 명문가의 경우 임신부는 물론 가족 구성원 공동의 노력 없이는 만들어질 수도, 유지되기도 어려웠을 것으로 보인다.

온 가족이 태아에게 좋은 가풍을 전해주기 위해 각별히 노력했을 것이고, 임신부를 위했으리라. 또한 가문의 위아래를 단속하고 조심했을 것이다. 명문가의 며느리라면 가문의 자부심을 이어나가기 위해 솔선해서 품위와 본분을 지키며 태교에 남달리 신경을 썼을 것도 같다.

명문가는 단지 가문의 영광만은 아니었다. 타인들이 보고 배울 수 있는 존경하고 우러르는 집안을 만드는 것은 당사자들의 자부심이기도 하지만, 희망을 잃고 살아가는 많은 사람에게 비전과 희망을 주는 일이기도 했다.

경주 최부잣집 이야기나, 구례 운조루 이야기는 이기적 명문가가 아니라 요즘 우리 사회에서 좀처럼 찾아보기 힘든 노블레스 오블리주를 실천한 상생 명문가의 모습을 보여준다 하겠다.

*경주 최부잣집

경북 경주에는 400년 동안 12대 만석꾼을 배출한 최부잣집이 있었다. 동서양 부자들이 3대 가기 어렵다지만 400년 동안 부를 이을 수 있던 것은 그들의 상생 정신에 있다.

집안에 내려오는 여섯 가지 가훈에 상생정신이 깃들어 있다. 첫째, 진사 이상의 벼슬을 하지 말라(당쟁에 휘말리지 마라) 둘째, 만석 이상의 재산을 모으지 말라(사회 환원하라) 셋째, 찾아오는 나그네를 후하게 대접하라(인정을 베풀라) 넷째, 며느리를 3년 동안 무명옷을 입게 해 남의 어려움을 알게 하라(검소 절약하라) 다섯째, 흉년에 땅을 늘리지 말라(착취하지 마라) 여섯째, 사방 백리 안에 굶어 죽는 사람이 없게 하라(상생하라) 등이다.

최 부잣집 1년 쌀 생산량은 3,000석이었다고 한다. 이 가운데 1,000석은 사용하고, 나머지 1,000석은 손님에게 베풀고, 나머지 1,000석은 주변 어려운 사람들에게 나눠줬다. 12대 부자였던 최준은 일제 강점기 때 막대한 독립자금을 지원하다가 투옥돼 모진 고문을 당하기도 했다. 이후 전 재산은 교육 사업에 뜻을 둔 최준의 뜻에 따라 대구대학교(영남대의 전신) 재단에 기부됐다. 감동을 주는 이야기가 아닐 수 없다.

*구례 운조루

전남 구례 99칸 부잣집인 운조루에는 타인능해(他人能解)라고 쓰여 있는 원형의 쌀 뒤주가 있다. 쌀 세 가마가 들어가는 뒤주로 마을의 굶주리는 모든 사람이 언제라도 쌀을 담아갈 수 있게 했다. 집안사람들과 마주치는 불편함이 없도록 배치까지 세심하게 했다.

운조루 창건주 류이주는 한 달에 한 번씩 뒤주를 채우도록 명했다. 일 년 200여 석 소출 가운데 30~40여 석을 양식 없는 이웃을 위해 내놓았다. 마을 사람들은 쌀을 가져가는 것을 최대한 자제했으며, 근면한 삶을 살아가는 자극제가 됐다. 동학, 여순사건, 6.25 등의 역사를 거치면서도 운조루가 건재할 수 있던 것은 상생의 정신 때문이었다고 전한다.

人無胎教而其子不肖 인무태교이기자불초

今之姙者 금지임자　必食怪味以悅口 필식괴미이열구　必處涼室
以泰體 필처량실이태체　閑居無樂 한거무악　使人諧語而笑之 사
인해어이소지　始則誆家人 시칙광가인　終則久臥恒眠 종칙구와항면
誆家人 광가인　不得盡其養 부득진기양　久臥恒眠 구와항면　營衛
停息 영위정식　其攝之也悖 기섭지야패　待之也慢性然 대지야만성
연　故滋其病而難其産 고자기병이난기산　不肖其子而墜其家然
後 불초기자이추기가연후　歸怨於命也 귀원어명야

　요즘 임신부들이 음식 태교를 제대로 하지 못하는 이유는 기호 탓이
크다. 임신부가 평소 알코올이나 커피와 녹차 등을 즐겼다든가, 햄버
거 · 피자 · 치킨 · 라면 · 햄 등 즉석 가공식품을 즐겨 먹었다면 습관을
하루 아침에 바꾸기가 쉽지 않다.

　태교 교실을 운영할 때 한 임신부가 커피를 죽어도 못 참겠다며 아
주 묽게 해서 마신다고 했다. 병원에서 스트레스를 받지 말고 차라리
마시라고 했다고 한다. 그러나 커피 중독자였던 필자도 열 달 동안 잘
끊고 지냈다. 엄마의 의지가 중요한 것 같다.

잘 아는 한 엄마는 태아를 위해서 버섯, 멸치 등을 사다가 천연 조미료까지 직접 만들어 먹었다고 한다. 좋은 것을 모두 챙겨주지는 못하더라도 최소한 나쁜 것은 피하는 게 엄마의 도리다. 엄마가 먹는 것은 아기가 먹는 것임을 잊어서는 안 된다. 음식은 태어난 후 아기의 체질은 물론 식성이나 성격, 각종 질병, 심지어 수명에까지 영향을 미칠 수 있음을 알아야 한다.

요즘 엄마들은 임신하게 되면 뭔가 배우느라 바쁘다. 태아에게 엄마의 배움이 그대로 전달되기를 바라는 마음으로 하는 일이니 바람직하다. 그저 나태하게 시간을 보내는 엄마들보다 얼마나 예쁘고 싱그러운지 모른다.

태교 교실을 운영하다 보면 임신부들은 작은 배움 하나에도 정성을 다하고, 배움의 폭과 깊이를 스스로 넓혀 나간다.

한 임신부는 아주 또박또박한 예쁜 글씨로 자신의 태교 전모를 알게 하는 노트를 작성했다. 첫 애 때 썼던 노트에 이어서 쓰고 있다고 했다. 임신부로서 지켜야 할 일 가운데 새롭게 안 사실을 정성껏 써내려 간 노트를 훗날 그 자식들이 보게 된다면 얼마나 감동할까.

한 임신부는 아기가 훗날 미술가가 되기를 바란다며 그림을 배우러 다닌다고 했다. 또 한 임신부는 아기가 영어를 잘하기를 바란다며 쉬운 영어 교재를 골라 공부한다고 했다. 마침 이사주당기념사업회에서 태교음악회를 진행할 때 영어교재와 CD 전집을 경품으로 받는 행운까지 거머쥔 그녀는 최고의 선물이 됐다며 즐거워했다.

슬기롭고 재밌게 공부하는 임신부들의 모습을 보면, 아기들이 얼마나 행복할까 보는 마음도 즐겁다.

제3절 짐승조차도 태교를 한다

짐승도 새끼를 배면 반드시 수컷을 멀리하고,

새가 알을 품으면 반드시 먹는 것을 절제한다.

나나니벌은 자식을 만들 때 나 닮으라는 소리를 한다.

이런고로 짐승이 태어남은 모두 능히 어머니를 닮는다.

사람이 불초해서 간혹 짐승보다 못한 경우가 있으니

성인이 있어 슬퍼하는 마음으로 태교의 법을 지었다.

❖ **태교를 하지 않으면 자식이 짐승보다 못한 성품을 가질 수도 있다.**

요즘은 뉴스마다 깜짝깜짝 놀라게 하는 범죄 소식이 빠지지 않는다. 하지만 부모들이 조금이라도 태교에 신경을 쓴다면 안전하고 양심적인 사회가 될 수 있다. 더 늦기 전에 인성교육의 시발점인 태교 보급에 국가가 신경을 써야 한다.

과거에는 나나니벌이 수놈만 있어서 새끼를 낳지 못한다고 생각했다. 그래서 명령, 즉 뽕나무 벌레를 데려다 나닮으라고 축원을 하면 환골탈태해서 나나니벌을 닮은 새끼가 된다고 생각했다. 명령자는 과거에 남의 자식이라도 정성껏 키우면 제자식이 된다고 해서 양자를 상징했다.

이사주당은 나나니벌이 새끼를 만듦에 있어 오로지 나 닮으라는 소리를 간절하게 해서 어미를 닮는 것이라고 생각 했다. 구멍을 메울 때 나는 나나나나 하는 날개 짓 소리가 마치 나 닮으라는 소리처럼 들리기도 했을 것이다.

물론 나나니벌은 기생벌로서 작은 구멍에 벌레를 잡아다 놓고 그 벌레의 몸에 알을 낳는 것이다. 알이 부화해 벌레를 먹고 자란 후 구멍에서 날라 나오는 것이다.

벌레의 비밀을 알지 못했던 이사주당은 이 같은 광경을 보면서 한낱 미물이라도 어미의 정성이 새끼를 낳는다고 믿었다. 간혹 짐승만도 못한 인간을 보면서 태교 보급에 얼마나 애태웠을까 이해가 간다.

人而不可無胎教 인이불가무태교

夫獸之孕也 부묵지잉야 必遠其牡 필원기모 鳥之伏也 조지복야
必節其食 필절기식 果嬴化子 과라화자 尙有類我之聲 상유류아
지성 是故禽獸之生 시고금수지생 皆能肖母 개능초모 人之不肖
인지불초 或不如禽獸 혹불여금수 然後 연후 聖人有恒然之心 성
인유항연지심 作爲胎敎之法也 작위태교지법야

도올 김용옥 선생은 텔레비전에 나와 자신이 직접 키우던 암탉 봉혜에 대한 이야기를 했다. 봉혜는 은자들이 공자를 빗대어 불렀던 별칭으로 그 봉혜의 모성애는 실로 눈물겹게 들렸다.

알을 품는 21일 동안 먹지도 싸지도 않고 알을 품는다고 했다. 드디어 병아리가 태어나면 병아리에게 먹이를 죄다 양보하고, 자신은 병아리가 남긴 음식을 조금 먹을 뿐이라고 했다. 이는 병아리가 자립할 때까지 돌봐주기 위해서 자신이 다시 알을 낳지 않도록 음식을 조절하는 행위라고 했다. 과연 그 깊은 모성애의 끝은 어디일까 싶다.

이사주당은 짐승들도 새끼를 배면 수놈을 멀리한다고 강조하면서 임신한 상태에서 성행위의 자제를 당부하고 있다.

암탉 봉혜가 알을 낳지 않기 위해 음식을 조절하는 행위와도 같은 것이다.

보통 산부인과 의사나 태교 안내서에는 임신 초기와 말기를 제외하고는 조심스러운 성행위가 오히려 뇌 발달에 좋다는 이론을 펼치기도 한다. 그러나 한의학에서는 임신부의 기운이 소모돼 피해야 한다고 이야기한다. 일부 성 상담가는 아이가 태어난 후 성에 민감한 모습을 보일 수 있다고 귀띔해주기도 한다. 선택은 부모의 판단에 있다.

●열달 태교 계획●

1. 음식 태교를 잘한다.(영양소 잘 챙겨먹기)
2. 음악 · 미술 태교를 잘한다. (풍부한 감성과 미적 감수성)
3. 독서 태교를 잘한다. (지식과 지혜의 보고)
4. 태교 일기를 잘 쓴다. (아기와 대화)
5. 명상 · 요가 태교를 잘한다. (마음 다스림과 출산 대비 동작)
6. 건강 점검을 잘한다. (엄마와 아기 건강은 1순위)
7. 산책 태교를 잘한다.(공원, 시장보기 등 생활 속 일일 운동)
8. 여행 태교를 잘한다. (숲, 바다, 고궁 등 자연과 역사를 느끼고 배우기)
9. 청소 태교를 잘한다. (청결, 환기, 아기방 꾸미기, 아기 용품 만들기)
10. 마음 태교를 잘한다. (인성이 훌륭한 아기)

●하루 태교 계획●

1. 아침 기상 후 사랑의 인사 나누기

2. 아침 점심 저녁 제대로 챙겨 먹기(단정하고 예쁘게)

3. 배를 부드럽게 만져 주면서 행복한 대화 나누기

4. 즐겁게 맡은 일 하기(가정주부는 집안일, 직장인은 회사일)

5. 매일 부부끼리 사랑 확인 문자, 편지, 전화하기

6. 매일(건강상태에 맞춰) 가벼운 산책하기

7. 다양한 태교 실천하기(음악 듣기, 뜨개질, 동화책 만들어 읽어주기)

8. 저녁 명상 요가 하기

9. 태교 일기 쓰기

10. 자장가 불러주면서 취침하기

태교는 가족과 나, 사회 전체의 몫이다

제4장
태교는 가족과 나, 사회 전체의 몫이다

제1절 태교는 온 집안이 해야 한다

원문해석

태를 기름은 어머니 혼자 하는 게 아니다.

한 가족이 모두 조심해야 한다.

감히 분한 일을 듣게 해서는 안 된다. 노함이 두렵기 때문이다.

감히 흉한 일을 듣게 해서는 안 된다. 두려워할까 두렵다.

어려운 일을 듣게 해서는 안 되는데 걱정할까 두렵다.

감히 급한 일을 듣게 해서는 안 되는데

놀랄까 두렵기 때문이다.

분노는 자식으로 하여금 피가 병들게 하고,

두려움은 자식의 정신이 병들게 하고,

근심은 기가 병들게 하고, 놀라면 간질병이 든다.

❖ 임신부에게 가장 필요한 것은 정서적 안정이다. 아무리 화가 나더라도 태아를 위해 삭힐 수 있어야 한다. 분노를 안고 있으면 태아가 병든다는 사실을 잊어서는 안 된다.

　분노하고, 두려워하고, 놀라고, 걱정하는 이 모든 스트레스는 만병의 근원이다. 스트레스는 암도 발병시킨다. 어른들에게도 치명적인 스트레스가 여린 태아를 피해가겠는가. 산부인과 의사들은 임신부가 스트레스를 받으면 조산, 저체중아, 임신성 고혈압 등 임신부와 태아 모두에게 좋지 않은 결과를 초래할 수 있다고 경고하고 있다.

　최근 스트레스가 태아를 위태롭게 할 뿐만 아니라 태어난 후에도 잦은 질병에 시달리게 한다는 연구 결과가 속속 발표되고 있다.

　이사주당은 이미 이 같은 사실을 220여 년 전에 일깨웠으니 태교신기의 과학성을 입증한 것이라고 할 수 있다.

　이사주당은 임신 기간 중 아내, 혹은 며느리의 마음을 편안하게 해주라고 충고하고 있다. 가부장제와 혹독한 시집살이의 광풍 앞에서 실로 대단한 발언을 한 것이다. 아내를 위하고 며느리를 보호하는 것은 결국 집안의 대를 잇게 할 건강한 자손을 위하는 길이다.

　보통 정신 스트레스는 육체 스트레스보다 몇 배나 더 나쁘다고 한다. 특히 부부싸움으로 인한 스트레스의 경우 강도가 매우 높다.

영국 글래스고 의대의 스토트 교수가 1,300명의 가족을 대상으로 조사한 결과 부부싸움으로 인해 심리적 신체적 장애아가 태어날 위험이 약 237%나 높았다.

스토트 교수가 발표한 스트레스 수치에 따르면 육체적인 치아 수술이 0.7, 중노동이 1.0인데 비해 정신적 부부싸움은 6.0이었고, 이웃이나 시어머니와의 갈등이 4.0이었다. 만약에 남편과 시어머니에게 동시에 시달리게 되면 10.0으로 중노동의 열 배나 되는 강도 높은 스트레스에 노출된다. 이 같은 수치에 3일 정도 노출되면 80%가 유산이고, 20%는 낳더라도 장애아를 낳는다고 한다.

물론 최근 미국 존스 홉킨스 블룸버그 공중보건학부 연구팀이 137명의 여성을 대상으로 임신 6~8개월에 받은 스트레스를 조사한 결과, 스트레스를 많이 받은 임신부의 아이들이 2세 때 발육이 좋았다고 한다. '코티솔'은 스트레스 호르몬이지만 출생 후 신체의 각 기관의 발달에 영향을 주는 물질이기 때문이라는 것이다. 여기서 스트레스란 분명 부부 사이나 고부간의 정신적 스트레스는 아닐 것이다.

원문

首擧胎教之大段 수거태교지대단

養胎者 양태자 非惟自身而己也 비유자신이기야 一家之人 일가지

인 恒洞洞焉 항동동언 不敢以忿事聞 불감이분사문 恐其怒也 공

기노야 不敢以凶事聞 불감이흉사문 恐其懼也 공기구야 不敢以

難事聞 불감이난사문 恐其憂也 공기우야 不敢以急事聞 불감이급

사문 恐其驚也 공기경야 怒令子病血 노령자병혈 懼令子病神 구

령자병신 夏令子病氣 하령자병기 驚令子癲癎 경명자전간

해설2

임신은 엄마가 했지만, 태아를 키우는 것은 엄마 혼자 하는 게 아니다. 온 가족이 함께하는 것이다.

특히 가장 가까이에 있는 남편은 태아에게 동화책 읽어주는 것 못지않게 아내가 신경 쓸 일을 만들어서는 안 된다.

늦은 귀가와 잦은 술자리로 인해 아내의 마음을 불편하게 한다든가 태아가 눈앞에 보이지 않는다고 맘 놓고 소리를 지르며 싸워서는 안 된다.

임신 3개월이 되면 뇌가 모습을 갖추게 되고 외부 자극을 어느 정도는 기억한다. 4개월에는 기쁨이나 슬픔, 불안 같은 감정도 느끼게

된다.

폭력적인 아빠의 모습이 뇌에 각인되면, 아기는 태어나서도 아빠를 무서워하고 피한다. 부부싸움을 했으면 곧바로 화해하고, 아빠는 엄마의 배를 쓰다듬으면서 태아에게 진심으로 미안하다고 사과를 하는 게 옳다. 그 자리에는 분명히 태아도 함께 있었기 때문이다.

주말에는 집에서 잠만 잘 것이 아니라 임신한 아내를 도와 집안 청소도 함께하고, 설거지며 빨래도 분담하면서 행복을 키우도록 한다.

특별 이벤트를 주별로 준비해도 좋을 것 같다. 첫째 주는 동화책 하나 들고 가까운 공원에 산책하러 나가서 책 읽어주기, 둘째 주는 장에 들러 몸에 좋은 재료를 사다가 아내와 함께 요리를 만들어 먹기 등 멋진 남편이 될 필요가 있다. 임신부가 감동하면 태아가 쑥쑥 자란다.

태교는 결국 스트레스를 발생시키는 그 모든 행동을 안 하는 것이다. 태교는 꼭 해줘야 하는 일, 즉 아내와 태아를 행복하게 해줄 수 있는 일을 실천하는 것이다.

'아빠가 아빠가 된 날'이라는 일본 동화작가 나가노 히데코가 쓴 동화가 있다. 예쁜 제목이 귀에 쏙 박힌다.

온 가족이 아기의 탄생을 기다린다. 먼저 태어난 남매가 동생의 탄생을 코앞에 두고, 아빠한테 어떻게 아빠가 됐는지를 묻는 장면이 나온다. 어린아이들이 보기에 분명히 엄마는 아기를 낳아서 엄마가 됐는데, 아빠는 아기도 낳지 않고 어떻게 아빠가 됐는지 무척 궁금했을 거다. 참 깜찍한 질문이 아닐 수 없다.

아빠는 당황스러웠지만 슬기롭게 대답해 준다. 오빠가 태어난 날이 아빠가 된 날이라고. 그리고 "정말 기뻤다"며 그날의 감격을 이야기해 준다.

아빠는 아기를 낳지 않고 옆에서 지켜보기만 했지만, 간호사로부터 "아빠가 아기를 안아주세요."라는 말을 들었을 때 "이제 아빠가 된 것이구나" 하고 생각했다고 말한다.

'아빠가 아빠가 된 날'은 신기한 힘이 솟고, 무슨 일이 있어도 꼭 지켜준다는 마음의 약속도 하게 되는 날이라고….

이 세상의 모든 아빠는 모두 처음으로 아빠가 된다. 어떻게 하면 좋은 아빠가 될까. 설렘을 유지해 나가면서 평생 좋은 아빠가 되기를 기원한다.

제2절 임신부를 대하는 법

벗과 더불어 오래도록 함께 있어도 그 사람됨을 배운다.

하물며 태아는 어머니로부터 칠정을 닮는 것은 당연하다.

그러므로 임신부를 대하는 도는 희로애락이 지나치지 않게 해야 한다. 따라서 임신부의 곁에는 항상 착한 사람을 둬 기거를 돕게 하고, 마음을 즐겁게 하며, 가히 모범이 되는 말씀과 도리에 맞는 일이 귀에서 끊이지 않게 해야 게으르고 사악하며 치우친 마음이 생겨나지 않는다.

이것이 임신부를 대하는 바이다.

❖ 흔히 자녀들한테 친구를 잘 사귀라고 한다. 나쁜 친구에게서 나쁜 물이 들까 걱정해서다. 태교할 때도 마찬가지다. 주변 사람들이 좋아야 한다.

가장 가까이에서 영향을 주는 가족이 문제다. 요즘 시어머니는 예전 같지 않아서 친정엄마보다 더 자상하게 며느리를 대해주지만, 안 그런 경우도 가끔 있다.

미워하면서 닮는다는 속담도 있지만, 임신부가 누군가를 미워하면 태아가 미워하는 사람을 닮아서 태어난다고 한다. 그러나 옛말이 아니라 실제로 태아의 유전자에 영향을 준다고 한다. 캐나다 토마스 버니 박사의 연구에 의하면 임신부에게 전달된 희로애락의 정보가 생화학적으로 변해 태아의 유전자 발달을 일으켜 닮게 한다는 것이다.

임신한 며느리를 온갖 트집으로 괴롭힌 시어머니도 손자 손녀는 예뻐한다. 그러나 임신부를 괴롭힌 것은 결국 배 속의 손자 손녀를 괴롭히고 천대한 것임을 알아야 한다. 그리고 괴롭힌 만큼 손자 손녀의 건강이 이미 나빠져 있다는 사실을 잊어서는 안 된다.

해설1

이사주당은 임신부 주변에 항상 지혜로운 사람을 둬 칠정을 편하게 해야 한다고 했다. 그래야 태아가 어머니를 닮아 감정의 절제가 가능하다는 것이다.

웃다가 숨넘어간다는 말도 있듯이 감정의 정도가 지나치면 몸을 해칠 수도 있음을 경계한 것은 물론이다.

동의보감에 지나치게 기뻐하면 심장을 요동시켜 피를 만들지 못

한다고 했다. 또 지나치게 노여워하면 간을 상하게 해서 피를 저장하지 못한다고 했다. 슬픔이 지나치면 폐가 상하고, 지나치게 생각을 많이 하면 비장이 상하고, 너무 무서워하면 신장이 상한다고 했다.

이처럼 감정이 지나치면 혈을 상할 수 있기 때문에 이사주당은 늘 감정을 고요히 다스리고 절제하는 자세가 필요함을 일러준 것이다.

요즘에는 좋은 강연도 많지만, 과거에는 선량하고 모범이 될 말씀을 끊임없이 해 줄 사람을 구하기가 쉬웠을까 모르겠다. 남편이 해주면 좋겠지만, 당시는 남편과도 내외하던 시절이라 쉽지 않았을 것이다.

이사주당의 경우 21세 연상의 남편 유한규로부터 지극한 사랑을 받으면서 태교를 했을 것 같다. 유한규는 남편이면서 스승이자 친구 같은 존재로 정답게 학문과 시를 논하고 바둑을 두었다고 전해진다. 태교를 할 때는 더욱 신경을 써 준 자상한 남편이지 않았을까. 부부 태교의 최고의 예를 보여 준 커플일 수도 있겠다는 생각이 든다.

아들 유희가 쓴 어머니의 행장에서 어머니와 아버지는 식사하면서도 경구의 해석을 놓고 서로 질문과 답변을 했다고 전한다. 다 자란 자녀들 앞에서도 부부가 토론을 벌일 정도였으니, 배 속에 아기가 있었을 때라고 달랐을까 싶다. 그런 연유로 유희 같은 천재를 낳을 수 있었을 것이다.

胎敎之法他人待護爲先 태교지법타인대호위선

興友久處 흥우구처　猶學其爲人 유학기위인　況子之於母七情肖

焉 황자지어모칠정초언　故待姙婦之道 고대임부지도　不可使喜怒

哀樂 불가사희노애락　或過其節 혹과기절　是以 시이　姙婦之旁 임부

지방　常有善人 상유선인　輔其起居 보기기거　怡其心志 태기심지

使可師之言 사가사지언　可法之事 가법지사　不聞于耳 불문우이

然後 연후　惰慢邪僻之心 타만사벽지심　無自生焉 무자생언　待姙

婦 대임부.

　어린이 도서관에서 세 살 난 어린아이와 엄마가 나누는 대화를 우연
히 들었다. 저절로 얼굴에 미소를 돌게 하는 대화였다. 엄마가 책을 고
르는 동안에 아이는 엄마 옆에서 끊임없이 뭐라 종알거렸고, 엄마는
그런 아기에게 아주 귀엽다는 듯 화답을 해줬다.

　엄마하고 둘이서 나누는 대화가 참으로 평화롭고 사랑스러웠는데
엄마의 말씨 자체에 지혜가 묻어나고 있었다. 아이가 엄마를 닮았음을
단번에 눈치 챌 수 있었다.

　그 엄마는 임신 중에도 태아와 지혜를 나눴음이 분명하다. 태아 수

준에 맞춰 노래하듯이 책을 읽어주고, 대화하고.

그런데 그 엄마와 아기가 책을 골라들고 행복하게 나간 후 조금 있다가 신경질 섞인 아기의 목소리와 엄마의 짜증 섞인 목소리가 들려왔다.

방금 나간 엄마와 아기와는 너무 대조적이어서 깜짝 놀랐다. 비슷한 나이 또래로 보였는데 아기는 자기가 보던 책을 계속 보겠다고 짜증스럽게 이야기했다.

그랬더니 엄마는 "그 책 또 본다고?" 하면서 역시 짜증스럽고 퉁명스러운 어투로 말했다. 말투도 아이와 엄마가 똑같았다. 아기는 부모의 평소 성격과 말투를 닮는 게 맞다. 배 속에 있을 때 아기는 그렇게 배워서 태어난 것이다. 임신부 곁에서 끊임없이 조언해 줄 조언자가 필요한 이유다.

제3절 보는 것을 조심해서 마음을 바르게 한다

임신 3개월에는 형상이 변하기 시작한다. 무소뿔의 무늬와 같아서
사물을 보는 대로 변한다. 반드시 귀인과 호인을 보게 하고
백옥과 공작과 화려하고 아름다운 물건과 성현의 훈계 글과
신선이 찬 관대의 그림을 보게 한다.

보아서는 안 될 것도 있다. 안광대가 난쟁이와 원숭이의 흉내를
내면서 실없는 소리를 하거나

싸우는 형상, 죄인을 묶어 끌고 다니거나 살해하는 것,
얼굴이 흉한 사람과 간질을 앓는 사람, 무지개, 천둥 번개, 일식
월식, 유성이나 혜성, 홍수나 불이 나는 것,

나무가 부러지고 지붕이 무너지는 것, 짐승의 음란한
모양이나 병들고 다친 모습, 독한 벌레부터 징그러운 벌레에
이르기까지 임신부가 보아서는 안 될 것들이다.

이게 임신부가 눈으로 보는 것에 대한 것이다.

❖ 임신 3개월이면 뇌와 신체가 빠르게 자란다. 임신부가 보는 것은 태아가 보는 것, 임신부는 정신 바짝 차리고 아름다운 것만 보도록 노력해야 한다. 나쁜 광경이 있으면 눈을 감든, 외면하든 그 자리를 피하도록 한다.

영화도 12세 관람가가 있는데, 태아의 경우 더 말해 무엇하랴. 아이에게 꼭 보여주고 싶은 것이 있더라도 훗날 보여줄 수 있으니 임신부가 서둘러 온갖 것을 가리지 않고 볼 필요 없다.

해설1

이사주당은 임신 3개월이 되면 보는 대로 변한다고 했다.

옛 어머니들은 백옥과 공작, 아름답고 화려한 물건을 감상하면서 아기가 기품 있고 고귀한 인물이 되기를 바랐다. 또 성현의 글이나 신선의 허리띠에 그려진 그림을 보면서 우아하고 고상한 인물이 될 것을 기원했다.

요즘이야 갤러리나 미술관이 곳곳에 있고, 기품 있고 아름다운 물건도 접하기가 쉽지만, 과거에는 지체 높은 양반집 아니고는 이 같은 물건들을 보기 쉽지 않았으리라. 진귀한 물건들이었기에 어머니의 기원은 더욱 정성스러웠을 것이다.

조선 시대의 미술 태교라고 할 수 있는 이런 일들이 태아의 풍부한 감수성과 고귀한 성품을 길렀다. 요즘 표현대로 하면 EQ가 풍성한 아이들이 길러졌다.

현대 엄마들은 IQ는 물론 EQ에도 관심이 높다. 한때 IQ만 좋으면 최고라고 생각했지만, EQ가 좋아야 공부도 잘하고 사회적으로 성공한다는 사실이 알려지면서 EQ에 대한 관심이 높아졌다.

EQ는 자기 절제 능력, 위기 대처 능력, 인간관계 능력 등이 풍부한 것을 말한다. EQ가 좋은 아이들은 해야 할 공부가 있으면 놀고 싶어도 참고 공부에 전념해 좋은 성적을 거둔다.

임신부의 사랑과 정성이 깃든 작은 생활습관은 태아의 IQ와 EQ를 높이는 지름길이다.

과거에는 IQ가 온전히 유전된다고 믿었다. 그러나 최근에는 50% 미만만 유전되고 나머지는 임신 동안의 태내 환경이 좌우하는 것으로 알려졌다. 태내 환경을 좋게 하기 위해서는 첫째, 임신부가 기본적으로 스트레스 없이 행복하고 편안해야 한다. 둘째, 질 좋고 고른 영양을 섭취해야 한다. 셋째, 술 담배 등 유해 환경으로부터 태아를 보호해야 한다. 이러한 주요 세 가지 사항을 잘 지키면 좋은 두뇌의 기본을 갖추게 되는 것이다.

EQ를 높이고 싶으면 임신 기간 동안 매사 의연하고 행복한 마음가짐으로 지내는 것이 필수다. 임신 후 신경이 예민해졌다고는 하지만,

모두가 나만을 위해야 한다는 식으로 안하무인이 돼서는 안 된다. 참고 넘길 수 있는 사소한 일에도 짜증을 내고 화를 내면 태어난 아기가 절제력 없이 매사 참을성이 없고 신경질적이게 된다.

몸을 조심한다고 꼼짝도 안 하고 모든 일을 해주기만 바란다면 아이가 능동성도 없고 나태해 진다. 물론 어머니가 했던 그대로 어머니에게 모든 일을 해달라고 할 것이다. 다시 오지 않을 임신 열 달 동안을 어른스럽게 보내려고 노력해야 리더십 강한 아기가 태어난다.

요즘 엄마들은 다중지능, 즉 8과 2분의 1 지능에도 관심이 높다. 언어, 음악, 논리수학, 공간, 신체운동, 인간친화, 자기성찰, 자연친화라는 8개의 독립된 지능에 종교적 실존지능이 더해진 것을 말한다. 요즘 신세대 부모들은 아는 것도 많고 정보력도 풍부해서 임신을 꿈꿀 때부터 아이들의 미래를 위한 주춧돌을 놓기 시작하는 경우가 많다.

원문

自正其心者 先謹目見 자정기심자 선근목견

姙娠三月 임신삼월 形象始化 형상시화 如犀角紋 여서각문 見物而變 견물이변 必使見貴人好人 필사견귀인호인 白璧孔雀華美之物 백벽공작화미지물 聖賢訓戒之書 성현훈계지서 神仙冠珮之畵 신선관패지화 不可見倡優侏儒 불가견창우주유 猿猴之類 원족지

류 戲謔鬪爭之狀 희학투쟁지상　刑罰曳縛殺害之事 형벌예박살해

지사 殘形惡疾之人 잔형악질지인　虹蜺震電日月薄蝕 홍예진전일

월박식 星隕慧孛 성운혜패　水漲火焚 수창화분　木折屋崩 목절옥붕

禽獸淫洗病傷 금수음일병상　乃汚穢 내오예　可惡之蟲 가오지충

姙婦目見 임부목견

해설2

　임신부와 태아는 탯줄로 연결된 한 몸이기 때문에 엄마는 보는 것뿐
만 아니라 자신의 오감을 태아와 공유하게 된다. 오감은 마음에 작용
하니 임신부는 오감을 잘 다스려야 한다.

　인간의 오감은 시각 청각 미각 후각 촉각 등 다섯 가지다. 여기에 영
적인 감각까지 더해 육감이다. 아름다운 색깔, 향기로운 냄새, 맛있는
음식, 부드러운 감촉, 감미로운 음악 등 긍정의 오감이 작용했다면 태
아는 창의적이고 감성이 풍부하게 될 것이다.

　보통 태아의 시각과 청각은 임신 6개월부터 본격화하고, 미각과 후
각은 7개월에 느낄 수 있다고 한다. 제일 먼저 발달하는 기관은 청각
이다. 청각 스펙트럼 기계로 보면 아기들의 태내 배움의 흔적을 볼 수
있다고 한다. 아기에게 전달되는 청각적 요소들은 태아의 대뇌피질에
저장되니 음악이나 태담 등의 소리 자극은 필수다. 당연히 부부싸움
같은 안 좋은 소리는 저장되지 않도록 유의해야 한다.

물론 태아는 엄마의 호르몬 분비를 통해서도 오감을 느낀다. 멜라토닌 호르몬이 밝을 때는 줄고, 어두울 때는 늘어나니 태아가 밝음과 어둠, 낮과 밤을 구별할 수 있게 된다.

해가 뜨고 지는 자연의 질서대로 규칙적인 생활을 할 경우 신생아의 성장 속도가 빠르고 두뇌 성장도 활발해진다.

제4절 귀로 듣는 것을 삼가야 한다

원문해석

인간은 소리를 들어 감동하면 마음이 움직이게 된다.

임신부는 음탕한 음악과 노래를 들어서는 안 되고

시장에서 시끄럽게 서로 다투는 소리, 부인들의 욕지거리,

술에 취해 술주정하는 소리, 분해서 욕하는 소리,

슬퍼하며 곡하는 소리를 들어서는 안 된다.

계집종으로 하여금 이치에 맞지 않는

뜬소문을 전하지 못하게 해야 한다.

오직 마땅히 사람을 두어 시와 좋은 글귀를 낭송하게 하고

그렇지 않으면 거문고와 비파 연주를 하게 한다.

원문의역

❖ 귀가 두 개인 이유는 나쁜 소리를 들으면 나머지 한 귀로 빨리 흘려보내라는 의미란다. 좋은 소리를 듣는 것 못지않게 나쁜 소리를 듣지 않도록 주의하고, 나쁜 소리를 들었으면 귀담아 두지 말라

는 것이다. 시끄러운 소음도 들어서는 안 된다. 임신부는 세상에서 가장 순수하고 예쁜 태아를 품고 있기 때문이다.

임신부가 록페스티벌이 벌어지는 현장에서 수만 명의 인파에 휩싸여 강렬한 음향에 뜨겁게 열광하는 사진을 본 적이 있다. 마침 잘 아는 30대 초반의 건장한 청년이 록페스티벌 장에 다녀왔다. 수만 명의 군중과 함께 서너 시간 함성을 지르며 뛰면서 열광했더니 하루가 지나도 온몸이 쑤시고 정신이 얼얼하더란다. 3일 동안 공짜 티켓이었음에도 하루 만에 포기했다고 한다. 사진 속 엄마는 신이 났을지 몰라도 과연 태아가 무사했을까 싶다. 임신부는 나쁜 소리, 시끄러운 소리를 모두 피해야 한다.

해설1

임신부는 어떤 소리를 듣는 것이 좋을까.

이사주당은 조용한 시낭송을 듣거나, 경서 읽는 소리를 듣거나, 거문고나 비파를 들으라고 했다. 단어 표현이 현대와 달라서 그렇지 이사주당은 음악 태교, 독서 태교, 태담 태교 등을 권장하고 있는 것이다.

임신 전 기간에 거쳐 소리 태교가 좋다. 특히 임신 6개월은 뇌가 왕성하게 발달하고 조직화하는 시점이다. 따라서 소리 태교가 두뇌를 발달시키는 데 좋은 작용을 한다. 특히 아빠의 저음은 태아가 잘 듣고 좋아하는 소리다. 배를 부드럽게 쓰다듬는 태아 피부 자극, 충분한 영양 섭취와 함께 뇌의 조직화 과정을 돕게 된다.

과거에는 태교 음악하면 클래식이라는 인식이 있었다. 그러나 곡목과 작곡가를 알아야 하고, 지루해도 전체를 다 들어야 한다는 부담감으로 중도에 포기하는 임신부가 많았다. 왜 작곡가와 곡목을 외워야 한다고 생각했던 것인지. 결과적으로 스트레스를 받아가면서 본인이 좋아하지도 않는 음악을 지루하게 듣다 말았으니 무슨 태교 효과가 있었을까 싶다.

요즘은 클래식 · 동요 · 가요 · 가곡 · 팝송 · 국악 등 임신부의 마음이 편해지는 밝고 조용한 음악을 태교음악으로 권하고 있다. 전문가들은 동요도 좋긴 하지만 단조로워서 세계명곡을 더 많이 들으면 좋다고 권장 한다. 당연히 시끄럽고 빠르고 우울한 곡은 좋지 않다.

음악은 우뇌뿐만 아니라 좌뇌 속의 언어뇌와 수리뇌 등 논리적인 뇌와 간뇌를 동시에 발달시킨다고 한다. 특히 3세까지 뇌의 약 70~80%가 완성되고, 4~6세까지 약 10~20%가 완성돼 유아기에 평생 사용할 뇌의 90%가 발달한다고 하니, 태어난 후에도 지속적인 뇌 자극은 중요하다.

모차르트 음악과 국악이 태교에 좋다고 해서 모차르트 음악만을 골라 태교 음악회를 연다든가, 혹은 국악 태교 음악회가 열리는 등 좋은 음악에 대해 임신부들은 물론 사회적 관심도 높다.

새소리, 물소리, 바람 소리 같은 자연의 소리에도 관심이 많다. 자연으로부터 이제 막 엄마 자궁에 둥지를 튼 태아에게 가장 안정감을 주면서 성장을 촉진하는 최고의 소리가 아닐까 싶다.

전통적으로 남도지역에서는 소나무에 드는 바람 소리 즉, 풍입송을 운치 있게 들으며 태교를 했다고 전해진다.

원문

謹目見耳聞 근목견이문

人心之動聞聲而惑 인심지동문성이혹　姙婦不可聞淫樂淫唱 임부불가문음락음창　市井喧譁 시정훤화　婦人誶罵 부인수매　及凡醉酗及凡醉후　忿辱傷哭之聲 분욕의곡지성　勿使婢僕 물사비복　入傳遠外無理之語 입전원외무리지어　惟宣有人 유선유인　誦時設書송시설서　不則彈琴瑟 불칙탄금슬　姙婦耳聞 임부이문.

해설2

흥겨운 음악이 들리면 저절로 어깨가 들썩거리고 리듬에 맞춰 손과 발을 까닥거리게 된다. 소리로 인해 마음이 동하는 것은 최근의 다양한 실험에서 증명되고 있다. 막 태어난 신생아도 어른처럼 음악에 대해 반응을 보인다. 영국의 브리검영 대학교 연구진이 생후 3~9개월 된 신생아를 대상으로 음악에 대한 반응을 연구한 결과, 신생아들은 행복한 음악과 슬픈 음악을 구별했다.

조금 달리 생각하면, 태아도 음악에 대해 감정 반응을 하고 있음을 추측해볼 수 있다. 칠삭둥이, 팔삭둥이가 음악에 반응하는 모습을 보면, 7~8개월 된 태아도 분명 반응할 것이라는 추측이 가능하다.

어쩌면, 태아는 자신의 귀로 들을 뿐만 아니라 임신부의 감정 변화까지 받아들이게 돼 감정의 수용 폭이 더욱 클 것이란 생각이 든다.

이사주당이 듣는 것을 삼가라고 한 것은 임신부가 반응한 마음의 움직임까지 태아에게 전달되는 것을 경계한 것이리라.

그뿐만 아니라 시끄러운 소음은 태아의 태내 환경을 악화시켜 태아에게 해를 끼친다. 소음이 나면 태아는 호흡을 잠시 멈춘다고 한다. 이렇게 되면 아기가 태어난 후 호흡 기능이 좋을 리 없다.

또한 소음이 크면 태아는 자신의 생활터전이 되는 양수를 삼키고 뱉어내지 않는다고 한다. 양수는 외부의 소음과 충격으로부터 태아를 보호해주는 보호막 역할을 하는데, 양수가 줄어드는 것은 태아가 집 밖으로 쫓겨나는 것과 같다.

공자는 음악 마니아로 알려졌다. 그는 곡을 직접 연주하는 것은 물론 감상하는 면에서도 뛰어났다고 전해진다. 우리나라 세종대왕도 음악 정치를 펼친 군주다.

두 사람의 공통점은 단순히 음악을 감상하는 데 그친 것이 아니라 음악을 통해서 예를 완성하고자 했다는 점이다. 이들이 들었던 음악은 재즈나 록이 아니라 느림과 온후함과 두터움이 배어있는 정제된 음악으로 마음의 공명을 이뤄내 예로 이끌어주는 소리였다.

서양의 철학자나 리더들도 음악에 대한 중요성을 강조했다.

2,500년 전 소크라테스는 좋은 음악을 들으면서 성장한 사람은 성인이 되어서도 좋은 사람이 된다고 했다. 그의 제자 아리스토텔레스도 음악은 눈에 보이지 않지만, 우리의 영혼을 움직이는 힘을 가지고 있다고 했다.

여성 유학자였던 이사주당은 아들 유희를 임신했을 때 거문고와 비파소리를 들었다.

제5절 임신부는 마음을 바르게 해야 한다

의사를 불러다 약을 복용하면 병을 낫게 할 수 있다.

그러나 자식의 외모를 아름답게 할 수는 없다.

집안에 물을 뿌려 청소하고 고요히 하는 것이

태아를 편하게 할 수는 있으나

자식을 좋은 재목으로 만들 수는 없다.

자식은 오로지 혈로 이뤄지고

혈에 의해 마음이 움직이니 그 마음이 바르지 못하면

자식 역시 바르지 못하게 된다.

임신부의 도리란,

마음으로 공경하고 혹시라도 사람을 해하고

동물을 죽이려 하지 말아야 한다.

간사한 말로 사기 치고 물건을 탐하고 도둑질하고 질투하고

훼방하는 마음이 가슴 속에 싹트게 하지 말아야 한다.

그런 연후에야 입으로 망언하지 않고,

얼굴에 원망스런 기색이 없다.

만약 얼굴에 공경함을 잊는다면 이미 혈이 잘못된 것이다.

❖ 자식의 아름다운 외모는 약을 먹어 얻어지는 게 아니다. 또 아기방을 예쁘게 꾸민다고 마음씨 예쁜 아기가 태어나는 것도 아니다. 임신부가 마음을 곱게 가져야 착하고 사랑받는 예쁜 아기가 태어난다.

아는 여성 가운데 부유하고 사회적으로 활발히 활동하는 분이 있다. 그 여성에게는 큰 단점이 있다. 남의 물건을 훔치는 버릇이 있다. 그 여성한테 물건을 잃어버린 사람들이 하나둘 떠나가는 것을 봤다.

임신부가 남의 물건을 탐하고 도둑질하면, 배 속 아이가 그대로 닮아 출생 후 아무리 외모를 성형으로 고쳐주고 고등교육을 해도 나쁜 버릇을 고칠 수 없다.

사람의 마음은 보고, 듣고, 기뻐하고, 슬퍼하고, 화내고, 사랑하고, 미워하는 그 모든 행동의 근원이다.

따라서 이사주당은 마음을 조절하고 통제할 때 말은 물론 모든 행동거지가 바르게 될 수 있음을 일깨우고 있다.

질투하고 훼방하고 도둑질한 것은 임신부였다. 태아는 단 한 번도 그런 나쁜 마음을 가진 적이 없다.

그러나 아기를 배에 품고 있는 임신부 마음이 추했기 때문에 아무 죄도 없는 태아가 속수무책으로 엄마를 닮아버렸다.

엄마가 뒤늦게 후회하면서 방 안을 아무리 깨끗이 청소한들 한번 얼룩진 태아의 심성이 깨끗해질 리 없다. 마음의 상처를 낫게 할 수 있는 약도 없다.

아기는 엄마가 임신 시 행했던 숱한 일들을 기억하고 있다. 태아의 뇌는 엄마 배 속에서 약 70%가 완성된다. 아이는 훗날 엄마가 했던 행동을 그대로 하면서 엄마를 미워하고 원망하지만 돌이켜지지 않는다.

어느 부모가 자식 인생을 망치고 싶겠는가. 한순간의 실수도 해서는 안 되는 이유가 명백하다.

원문

妊婦存心正 임부존심정

延醫服藥 연의복약 足以止病 족이지병 不足以美子貌 부족이미자모 汎室靜處 신실정처 足以安胎 족이안태 不足以良子材 부족이량자재 自由血成而血因心動 자유혈성이혈인심동 其心不正 기심부정 子之成亦不正 자지성역부정 妊婦之道 임부지도 敬以存心 경이존심

경이존심 *母或有害人殺物之意* 무혹유해인살물지의 *奸詐* 간사 *貪*

竊妬毁之念 투훼지념 *不使* 불사 *蘖芽於胸中* 얼아어흉중 *然後*

口無妄言 연후구무망언 *面無歉色* 면무겸색 *若斯須忘敬* 약사수망

경 *已失之血矣* 이실지혈의 *妊婦存心* 임부존심

해설2

 연꽃의 의미를 헤아리면서 마음을 정화해 보면 어떨까. 연꽃은 진흙에서 피어나면서도 오염되지 않은 고운 꽃을 피우기에 꽃 중의 군자로 대접받고 있다. 연꽃은 어떤 상황에 부닥치든 마음의 중심을 잡고 흔들리지 않으며, 어떤 상황이든 마음으로 모두 정화할 수 있는 능력을 상징한다. 한마디로 인성이 뛰어난 꽃이다.

 연꽃에는 열 가지 덕이 있다고 하는데 엄마와 태아가 마음을 다스리는 차원에서 같이 읽고 공부해보자.

첫 번째 덕은 '이제염오(離諸染汚)', 연꽃은 진흙에서 자라지만 진흙에
  물들지 않는다.
두 번째 덕은 '불여악구(不與惡俱)', 연꽃잎 위에서는 모두 굴러 떨어
  져 한 방울의 오물도 머물지 않는다.
세 번째 덕은 '계향충만(戒香充滿)', 연꽃이 피면 물속의 시궁창 냄새
  가 사라지고 향기가 가득하다.

네 번째 덕은 '본체청정(本體淸淨)', 어떤 곳에 있어도 푸르고 맑다.

다섯 번째 덕은 '면상희이(面相熹怡)', 모양이 둥글고 원만해서 보고 있으면 저절로 온화해진다.

여섯 번째 덕은 '유연불삽(柔軟不澁)', 연꽃의 줄기는 부드럽고 유연해서 잘 부러지지 않는다.

일곱 번째 덕은 '견자개길(見者皆吉)', 꿈에 연꽃을 보면 길몽이다.

여덟 번째 덕은 '개부구족(開敷具足)', 연꽃은 피는 동시에 열매를 맺는다.

아홉 번째 덕은 '성숙청정(成熟淸淨)', 연꽃은 피었을 때 색깔이 곱다.

열 번째 덕은 '생이유상(生已有想)', 연꽃은 떡잎부터 다른 꽃과 다르다.

떡잎부터 다른 연꽃처럼 태아 때부터 엄마가 마음을 잘 다스려 남들한테 칭송을 들을 수 있는 아기를 낳아야 한다.

제6절 마음이 바르면 말도 바르다

원문해석

임신부의 말하는 도리는 분해도 사납게 말하지 말고,

화가 나도 악한 말을 하지 말며, 말하면서 삿대질하지 말고,

잇몸을 보이며 웃지 말고, 사람들하고 농담하지 말고,

직접 계집종을 꾸짖지 말며, 닭과 개를 직접 혼내지 말고,

사람을 속이지 말고, 사람을 헐뜯지 말고, 귓속말하지 말며,

근거 없는 말은 전하지 말고, 일을 당하지 아니하였거든

말을 하지 마라. 이것이 임신부의 말이다.

원문의역

❖ 귀로 듣고, 눈으로 보는 것은 자신 뜻대로만 되는 것이 아니다. 그러나 말하는 것은 전적으로 자신의 의지대로 할 수 있다. 임신부는 고운 말만 골라서 써야 한다.

한번 뱉은 말은 주워 담을 수 없다. 유대 격언에 매를 맞은 아픔은 시간이 지나면 사라지지만, 모욕당한 말은 영원히 남는다고 했다.

입술의 30초가 평생을 좌우한다는 말도 있듯, 상처받은 사람은 평생 잊지 않고 원망한다. 그 원망이 태아에게 영향을 줄 게 분명하다. 임신부는 누구에게라도 말로써 상처를 주어서는 안 된다.

또 근거 없는 말을 전해 초조한 일을 만들어서도 안 된다. 유대 격언에 말이 입안에서 돌고 있을 때는 그 말의 주인이지만, 말이 입 밖으로 나오게 되면 그때부터 말이 주인이 된다고 했다.

해설1

목소리에 기분이 묻어있다. 기분이 들떠있으면 자연 목소리가 밝다. 남들이 복권이라도 당첨됐는 줄 안다. 목소리가 가라앉아 있으면 안 좋은 일이 있는 줄 안다. 격한 말투로 이야기하면 어디서 싸우다 온 사람 같다고 한다. 말은 마음에서부터 시작된다. 그런데 격한 말투로 이야기하다 보면 점점 더 화가 나고, 따라서 더욱 격한 말을 하게 된다.

이사주당은 마음을 잘 다스려 격한 말을 하지 않도록 조심해야 한다고 충고했다. 아무리 화가 나도 화내지 말라고 주문하고 있다. 몸소 꾸짖는 것도 경계했다. 악을 쓰거나 나쁜 말을 하게 되면 임신부의 몸이 상하고, 기가 상해 태아에게 안 좋은 영향을 미치기 때문이다.

미국 엘머 게이츠 박사는 우울하고 화를 낼 때는 몸 안에서 독소가 만들어진다고 했다. 게이츠 박사는 만일 한사람이 한 시간 동안 계속 화를 내면 80명을 죽일 정도의 독소가 만들어진다고 했다. 그 독소는 결국 자신을 죽이는 것이다.

웃을 때 분비되는 엔도르핀이나 엔케팔린 등의 물질은 심신의 건강을 되찾게 해준다. 웃는 사람의 피를 뽑아 분석하면 암 종양 세포를 공격하는 킬러세포가 생성돼 있다는 연구결과도 있다.

웃을 때 많이 분비되는 엔도르핀은 모르핀보다 200배나 효과가 큰 몸속의 천연 진통제로서 기분을 좋게 해주고, 근심을 덜어주는 신경 호르몬으로 알려졌다.

화가 나면 조용히 눈을 감고 입가에 엷은 미소를 지어보라. 막 화가 나 있어서 자연스러운 미소가 안 나올지라도, 그냥 웃는 표정을 짓다 보면 마음이 차분해지면서 화가 누그러짐을 느끼게 된다. 뇌는 진짜 웃음과 거짓 웃음을 구별하지 못해 웃는 표정만으로도 몸 안에 좋은 호르몬을 생성해 낸다.

여기에 자연이나 음악 등 아름다움에 취해 감동하게 되면 엔도르핀의 4,000배에 이르는 다이돌핀이라는 호르몬이 생성된다고 하니, 임신부들은 웃고 감동하는 일이 많아야 한다.

원문

心正則言正 심정칙언정

妊婦言語之道 임부언어지도 忿無厲聲 분무여성 怒無惡言 노무악

언　語無搖手 어무요수　笑無見齦 소무견신　與人不戱言 여인불희

언　不親詈婢僕 불친리비복　不親叱鷄狗 불친질계구　勿誆人 물광

인　勿毁人 물훼인　無耳語 무이어　言無根勿傳 언무근물전　非當

事勿多言 비당사물다언　妊婦言語 임부언어

해설2

옛날 조상들은 마음과 몸의 예절을 중요하게 여겨 마음 씀씀이 하나
하나, 행동거지 하나하나를 신중하게 했다. 마음과 몸의 수양을 위한
가르침으로 구사구용(九思九容)이 있다.

구사는 마음가짐에 대한 아홉 가지 가르침으로 논어에 나온다. 구용
은 예의가 바른 행동에 대한 아홉 가지 가르침으로 예기에 나온다.

구사에는 시사명(視思明), 청사총(聽思聰), 색사온(色思溫), 모사공
(貌思恭), 언사충(言思忠), 사사경(事思敬), 의사문(疑思問), 분사난(忿
思難), 견득사의(見得思義)가 있다.

구용에는 두용직(頭容直), 목용단(目容端), 기용숙(氣容肅), 구용지
(口容止), 성용정(聲容靜), 색용장(色容莊), 수용공(手容恭), 족용중(足
容重), 입용덕(立容德)이 있다.

구사 가운데 언사충은 말할 때는 참되고 정직한 말을 해야 한다는
뜻이다. 거짓말이나 남한테 들은 확인 안 된 말을 함부로 전해놓고 거
짓이 들통 날까, 사실이 아닐까 전전긍긍하지 말라는 의미다.

구용 가운데 구용지는 입을 신중하게 가지라는 의미다. 말을 생각나는 대로 함부로 하다 보면 도가 넘고 실수를 하게 마련이다. 성용정은 목소리를 조용하게 하라는 뜻이다. 좋을 때건, 나쁠 때건 감정을 자제하도록 경계한 것이니, 기용숙 또한 호흡을 고르게 해서 기상을 엄숙하게 하라는 뜻이다.

한 어머니가 자신의 아이들이 어렸을 때, 너무 약해서 건강한 아이들의 기운을 받아보고자 그 아이들이 입던 옷을 얻어오고, 대신 그 집에 새 옷을 사다 주었다고 했다.

그런데 헌 옷을 가져와 그냥 입히지 않았다. 헌 옷에 대고, 원래 주인이 잘되기를 먼저 기원한 후 자신의 아이한테 입혔다고 한다.

한 스님이 그 이야기를 듣고는 참 잘했다고 하면서 그 복이 결국, 자신의 아이한테 간다고 설명했단다. 어차피 그 옷을 입을 아이는 그 어머니의 아이인데, 그 옷에 대고 아름다운 축원을 했으니 처음 옷의 주인에게도 좋은 일이지만, 그녀의 아이한테 더 많은 복이 가는 게 당연하다는 것이다. 남을 위하고 남한테 좋은 말을 해주는 것은 자신에게 복이 되는 일이다.

제7절 양생과 거처

거처와 양생을 삼가지 않으면 태를 보존하는 것이 위태롭다.

이미 임신을 했으면 부부는 잠자리를 해서는 안 되며

옷은 너무 덥게 입지 말며, 음식은 크게 배불리 먹지 말며,

너무 많이 낮잠을 자거나 누워있지 말며,

모름지기 때때로 걸어 다니고,

차가운 곳에 앉지 말며, 더러운 곳에 앉지 말며, 악취를 맡지 말고,

높이 있는 변소에 가지 말고, 밤에 문밖으로 나가지 말며,

비바람 부는 날 나가지 말며, 산야를 배회하지 말며,

우물과 무덤을 들여다보지 말며, 오래된 사당에 들어가지 말고,

높고 깊은 곳에 임하지 말고, 위험하게 걷지 말고,

무거운 것을 들지 말고,

노동을 심하게 해서 몸을 상하게 하지 말고,

망령되이 침과 뜸을 뜨지 말고, 쓸데없이 탕약을 먹지 말며

마땅히 마음을 맑게 하여 조용하게 거처하고

온화한 기운이 알맞아야 하며 머리, 몸, 입, 눈이 하나같이
단정해야 한다. 이것이 임신부의 거처와 양생법이다.

❖ 상식적인 생활이 가장 바람직한 태교다.

임신했다고 해서 지나치게 몸을 위한다고 움직이지 않거나, 덥게 입
거나, 많이 먹는 것은 오히려 임신부와 태아를 해칠 수 있다. 늘 지나친
것이 부족함만 못하다는 것을 명심해야 한다.

기본적으로 임신부는 건강관리를 잘해야 한다. 배 속의 생명까지 책
임을 지고 있기 때문이다.

옷을 너무 덥게 입지 말라고 했다. 임신부와 태아는 신진대사가 많
아 열이 많이 발생하고 온도 적응력이 떨어지기 때문이다. 체온이 올
라갈 정도로 덥게 입으면 태아에게 좋지 않다. 신체 내부의 체온이 오
를 경우 조산이나 기형의 우려가 있다.

사우나나 뜨거운 욕탕은 물론 한여름의 고온도 당연히 피해야 한다.

임신부는 적당하게 먹고 적당하게 운동해야 한다. 몸이 무겁다고 만
사를 귀찮아하며 먹기만 하면 체중만 늘어나 임신중독증에 걸릴 우려
도 있고, 태아가 비대해져 출산도 어려울 수 있다.

최근 뚱뚱한 엄마에게서 태어난 아이는 50대의 젊은 나이에 사망할 수도 있다는 연구 결과가 나왔다. 영국의 한 대학 연구팀에 의하면 비만 엄마가 태아의 식욕 조절과 에너지 신진대사 시스템에 항구적인 변화를 주어 훗날 심장 이상을 일으킬 확률이 높다는 것이다.

가벼운 산책은 기분 전환과 혈액 순환에 좋으며 소화도 촉진하니 한여름 태양이 내리쪼이는 뜨거운 낮을 피해 무리가 가지 않는 선에서 실천하도록 한다. 몸이 좋지 않은 날은 집에서 휴식을 취하도록 한다.

식사 시간을 거르지 말고 잘 챙겨 먹어야 하며, 일찍 자고 일찍 일어나는 등 매사 규칙적인 생활을 하면 태아의 발육이 좋고 정서도 안정된다.

 원문

外養則居處爲先 외양즉거처위선

居養不謹 거양불근 胎之保危哉 태지보위재 妊婦旣妊 임부개임
夫婦不同寢 부부부동침 衣無太溫 의무태온 食無太飽 식무태포
不多睡臥 불다수와 須時時行步 수시시행보 不坐寒令 불좌한냉
不坐穢處 부좌세처 勿聞惡臭 물문악취 勿登高厠 물등고측 夜不
出門 야불출문 風雨不出 풍우불출 不適山野 부적산야 勿窺井塚
물규정총 勿入古祠 물입고사 勿升高臨深 물승고임심 勿涉險 물섭

험 勿擧重 물거중 勿勞力過傷 물노력과상 勿妄用鍼灸 물망용침

구 勿妄服湯藥 물망복탕약 常宣淸心靜處 상선청심정처 溫和適

中 온화적중 頭身口目 두신구목 端正若一 단정약일 妊婦居養 임

부거양

이사주당은 남도지역에서 행해졌다는 삼태도와 칠태도의 내용도 참

고했을 것이다.

신분이 낮은 사람은 삼태도를, 양반은 칠태도를 실천했던 것으로 전

해진다. 칠태도는 삼태도에 4개 항목이 추가됐다.

제1도는 행동거지를 조심하라는 내용이다. 막달에 머리를 감지 말

고, 높은 마루나 바위에 올라가지 말고, 술을 마시지 말고, 무거운 짐을

지지 말고, 험한 산길과 위태로운 냇물을 건너지 말고, 색다른 맛을 삼

가야 한다고 했다.

제2도는 임신부의 정서를 안정시켜야 한다는 내용이다. 주로 스트레

스를 받아서는 안 된다는 내용이다. 임신부가 말을 많이 하거나, 웃거

나, 놀라거나, 겁을 먹거나, 곡을 하거나 울어서는 안 된다고 했다.

제3도는 태아에게 좋지 않은 태살의 장소를 피하라고 했다.

첫째 달은 마루, 둘째 달은 창과 문, 셋째 달은 문턱, 넷째 달은 부뚜

막, 다섯째 달은 평상, 여섯째 달은 곳간, 일곱째 달은 확돌, 여덟째 달

은 화장실, 아홉째 달은 문방이다. 이런 장소는 살기보다는 다칠 수 있으니 조심하라는 뜻이라고 보고 있다.

제4도는 양반 댁 여성이 실천할 수 있는 부분이다. 여기서부터 삼태도와 구분된다. 물론 현대에는 누구나 행할 수 있는 내용이다.

조용히 앉아서 아름다운 말만 듣고, 선현의 명구를 외우고, 시나 붓글씨를 쓰고, 품위 있는 음악을 들어야 한다고 했다. 또한, 3가지 행해서는 안 되는 삼불이 있으니, 즉 나쁜 말은 듣지 말고, 나쁜 일은 보지 말고, 나쁜 생각은 품지 말라고 했다.

제5도는 가로눕지 말고, 기대지 말고, 한발만으로 기우뚱하게 서 있지 말라고 했다. 홀수 달, 즉 기수에 한해서는 왼쪽으로 가로누우라고 했다. 기수는 즉 양에 해당하니 양의 기운을 받아 아들을 낳는 꿈을 이루려 한 것으로 보인다.

제6도는 임신 3개월이면 기품이 있는 주옥이나 명향 같은 것을 가까이하고 몸에 지니라고 했다. 또한 풍입송, 즉 소나무에 드는 소리를 들으라고 했다. 또 매화나 난초의 은은한 향을 맡는 암향을 하라고 했다.

제7도는 임신 중에 금욕하라고 했다. 특히 막달에 부부관계를 하면 아이가 병들거나 일찍 죽는다고 가르쳤다.

제8절 임신부의 일하기

임신부가 진실로 일을 맡길 사람이 없으면

가능한 일만 선택해서 해야 한다.

직접 누에를 쳐서는 안 되며 베틀에 오르지 말며

바느질은 조심히 해서 침에 손을 상하지 않게 하며

반찬 만드는 일을 조심스럽게 해서

그릇을 떨어뜨려 깨뜨리지 말아야 한다.

찬물에 손대지 말며 날카로운 칼을 사용하지 말며

칼로 살아있는 생물을 자르지 말며

자를 때는 반드시 바르게 잘라야 한다.

이것이 임신부의 일하는 방법이다.

❖ **임신부는 일 할 때도 늘 태아에게 해가 되지 않도록 한다.**

요새는 맞벌이 부부가 많아서 임신부도 바깥일을 많이 한다. 일의 형태도 무척 다양하다. 몸에 무리가 가지 않도록 유의해야 한다. 힘든 일을 하는 임신부는 특히 병원을 거르지 말고 다니면서 몸의 상태를 수시로 검사해야 한다.

임신부는 힘든 바깥일은 하지 말고, 가능한 일만 선택해서 할 것을 권하고 있다. 부엌일 등 집안일을 할 때도 다치거나 놀라지 않게 조심해서 하고, 요리 할 때는 반듯하게 자를 것을 주문했다. 살아있는 생물을 직접 자르지 말라고 했다. 이는 살생이기 때문이다.

지금도 맞벌이 임신부의 경우 늘 서서 일하는 서비스 직종부터 먼지나 소음 악취 등에 시달리며 노동하는 여성까지 직업의 종류와 위험도 제각각이다.

이런 힘든 곳에서 일하는 임신부는 직장을 옮기든가 쉬어야 마땅하지만 상황이 쉽지만은 않다. 최대한 자신의 직종에서 태아를 보호하는 방법을 찾아서 실천해야 한다. 회사 측에서 부서를 바꿔주거나 휴식 시간을 내주려는 노력이 필요하다.

늘 컴퓨터 앞에 앉아 있는 임신부도 있다. 이런 경우 전자파를 차단해주는 앞치마를 두른다든가 중간마다 스트레칭이나 잠시 걷는 운동을 통해 혈액순환을 돕는 것이 필수다.

힘든 일은 유산이나 자궁수축으로 인한 조산의 위험도 있을 수 있으니 병원 검진을 잊지 말며, 특별히 건강에 주의해야 한다.

전업주부의 경우 유산의 우려 등으로 의사가 만류하는 상황이 아니라면, 몸을 위한다고 지나치게 가만히만 있지 말아야 한다. 기혈이 정체돼 좋지 않다.

무리하지 않는 선에서 집안일을 하는 것이 좋다. 단, 허리를 구부리거나 쪼그려 앉아서 해야 하는 일은 피해야 한다. 귀찮다고 생각하면 스트레스의 요인이 되니 아기의 건강을 위한다는 즐거운 마음으로 임하는 것이 중요하다.

그러나 대가족이거나 맞벌이 임신부라면 집안일이 스트레스가 될 수 있으므로 가족들의 현명한 대처가 필요하다. 임신한 며느리, 아내에게 모든 집안일이 쏟아지지 않도록 남편이 슬기롭게 처신해야 한다.

명절 때도 남편이 아내 대신 음식을 만드는 등 적극적으로 아내를 보호하는 자세가 필요하다. 임신부는 명절 일을 하더라도 쉬어가면서 거드는 정도의 일만 하도록 한다. 이럴 때 시어머니나 시누이, 동서들은 혼자만 애 낳느냐는 식으로 시대에 뒤떨어지는 이야기는 하지 말아야 한다.

妊婦事爲 임부사위

妊婦苟無聽事之人 임부구무청사지인 擇爲其可者而已 택위기가

자이이 不親蠶功 불친잠공 不登織機 부등기기 縫事必謹 봉사필

근 無使鍼傷手 무사침상수 饌事必謹 찬사필근 無使器墜破 무사

기추파 水漿寒冷 수장한냉 不親手 불친수 勿用利刀 물용이도 無

刀割生物 무도할생물 割必方正 할필방정 妊婦事爲 임부사위

居養亦不得全無事爲 거양역불득전무사위

해설2

즐겁게 집안일을 해보자. 남편도 출근하고, 이제 나만의 세상이 된 임신부. 설거지부터 시작해 세탁기도 돌리고, 청결한 집안 분위기를 가꾼다는 마음으로 쓱싹쓱싹 청소한다. 아기에게 엄마가 집안일 중이라고 설명해주고, 지금은 빨래하는 중이라든가, 화초 이파리를 반짝반짝하게 닦는 중이라고 말하면서, 아기 기분도 좋으냐고 물어본다.

화분에 물을 주면서 화초에게도 잘 자라라고 말도 붙여보고, 창문가에 작은 꽃 화분도 사다가 놓아 집안 분위기도 밝게 가꿔본다. 꽃 화분 살 때 꽃도 한 다발 사다가 집안 분위기도 우아하게 살려보자. 몇개의 꽃으로는 엄마 꽃 아기 꽃 아빠 꽃을 앙증맞게 꽂꽂이해서 식탁위에 놓는 감각도 발휘하자. 집안일을 마치면, 간식을 먹으면서 그림동화책도 만들어보고, 음악도 듣고, 책도 읽고, 뜨개질도 하고, 잠시 낮잠으로 피곤도 푼다.

장 볼 때는 태아와 즐거운 사회교육 시간을 보낸다. 오가면서 보이는 사회 현상을 설명해준다, 걷다가 힘들면 가끔 푸른 하늘도 보면서 태아와 마음의 휴식도 취해본다. 여름 한낮의 더위를 피해서 장을 보는 것은 필수다.

요리책을 준비해서 태아에게 좋은 다양한 요리를 만들어 먹는다. 가벼운 소풍을 나갈 때는 간단하고 예쁜 도시락을 싸보는 것도 좋다.

요리할 때는 재료의 모양이나 색깔을 설명해주면서 즐겁게 하자.

온 종일 고단하게 움직이다 보면 식사 후에는 나른해질 수 있다. 많이 피곤하면 저녁 설거지는 남편에게 도움을 요청해보자.

그러나 남편도 바깥일을 마치고 퇴근한 상태라서 피곤하기는 마찬가지. 불필요하게 남편을 자극하는 언사를 하지 말고 애교 있게 부탁해 보자.

남편도 임신한 아내 대신 청소기를 잡거나 집안일을 해주고, 가벼운 운동을 권하는 등 예비 아빠의 역할을 하는 것이 태교의 첫 걸음임을 명심해야 한다.

제9절 임신부가 앉아있을 때의 움직임

임신부는 단정하게 앉아야 한다. 기울여 앉지 말며,

벽에 기대지 말며, 다리를 쭉 펴고 앉지 말며,

무릎을 세우고 앉지 말며,

마루 끝에 걸터앉지 말며,

앉아서 높은 곳의 물건을 취하지 말며,

서서 땅에 있는 것을 들지 말며, 오른쪽 손으로 왼쪽의 물건을

취하지 말며, 왼손으로 오른쪽 물건을 취하지 말며,

어깨를 돌려 보지 말며,

만삭에 머리를 감지 마라.

이것이 임신부가 앉아서 해야 할 움직임이다.

❖ 임신 전에 하던 행동을 태아 위주로 수정해야 한다. 모든 삶의
중심은 태아다.

본인만 괜찮다고 생각 없이 행동하면 안 된다. 태아를 품은 어머니라는 사실을 명심하고 자나깨나 태아의 건강과 안전을 생각해야 한다.

오늘내일 출산을 앞둔 막달의 임신부가 방바닥에 상을 펴놓고 앉아서 종일 노트북으로 작업한다고 가정해보자. 임신부는 힘들어도 참을 수 있다. 그렇지만 배 속 태아는 죽을힘을 다해 고통의 시간을 견디고 있을지 모른다.

해설1

이사주당은 앉아서 움직일 때의 행동에 대해서 조목조목 충고를 했다. 외형상 반듯하고 단정한 자세를 요구한 것이기도 하지만, 임신부와 태아의 건강을 위하는 아주 세심한 임신부 지침서가 아닐 수 없다.

임신부는 배가 점점 커지고, 무거워짐에 따라 한 자세로 오래 앉아 있기 힘들다. 임신부는 자궁이 커지는 등 신체 변화가 생긴다. 몸은 호르몬 작용으로 아기 낳기 좋게 부드러워져, 인대나 골반이 느슨해져 있는 상태다. 나쁜 자세는 쑤시고 결리는 통증의 원인이 될 수 있다.

임신부는 물건을 집을 때도 허리만 뒤틀지 말고, 몸 전체를 돌리거나 움직여서 태아에게 무리가 가지 않도록 해야 한다.

특히 만삭에 머리를 감지 말라고 했다. 오늘날처럼 냉온수 샤워 시설이 잘 돼 있어서 따뜻한 물로 편히 서서 머리를 감는 게 아니다. 개울에서 찬물에 감다가 감기에 걸릴 수도 있고, 집에서 쪼그리고 앉아서 감다 보면 다 큰 태아가 눌릴까 염려가 됐을 것이다. 현명한 어머니가 되려면 태아를 투시해서 볼 줄 아는 눈이 필요하다.

원문

妊婦坐動 임부좌동

妊婦端坐 임부단좌　無側載 무측재　無恃壁 무시벽　無箕 무기　無踞 무거　無邊堂 무변당　坐不敢高物 좌불감고물　立不取在地 립불취재지　取左不以右手 취좌불이우수　取右不以左手 취우불이좌수　不肩顧 불견고　彌月不洗頭 미월불세두　妊婦坐動 임부좌동 사위불가당사위불가당 고차이좌 고차이좌

제10절 임신부가 서서 다니는 방법

임신부는 혹 서 있거나 걸을 때에도

한발에 의지해서는 안 된다.

기둥에 기대서도 안 되고 급하게 걸어서도 안 되고

좁은 비탈길을 걸을 때도 반드시 서서 올라야 하고

반드시 앉아서 내려와야 하며

급하게 뛰어서도 안 되고 건너뛰는 것도 안 된다.

❖ **길에서는 나만 조심한다고 안전한 것이 아니다. 늘 주변을 잘 살펴야 한다.**

임신부는 길을 걸을 때 주변을 잘 보고 다녀야 한다. 특히 스마트폰을 하면서 걸어 다녀서는 안 된다. 귀에 이어폰을 꽂고 다녀도 위험하다. 자전거나 자동차와 부딪힌다 하면 태아가 위험해진다.

　임신을 하게 되면 몸이 무거워 균형 잡기가 어렵다. 특히 버스 같은 대중교통을 이용할 때 주의해야 한다. 버스가 급정차 혹은 급발차 시 몸의 무게 중심이 쏠려 넘어질 수 있다. 갑작스러운 상황에 반사적으로 몸을 지탱하기 어려우니 단단하게 두 발로 중심을 잘 잡고 서 있어야 한다.

　버스에서 내릴 때도 미리 나와서 잘 잡고 기다렸다가 내려야 한다. 괜히 급하게 일어서다가 넘어지는 일이 없어야 한다. 가뜩이나 몸이 무거운데, 한쪽 발에만 의지했다가는 넘어지기 십상이다. 관절도 느슨해져 있는 상태라서 발목에 무리가 가고 염좌(삠)가 생길 수도 있다. 임신부에게는 신체상 불리한 조건이 많으므로 항상 정신을 차려야 한다. 특히 겨울철에는 길이 미끄러워서 양손을 주머니 밖으로 꺼내고 걷는 것은 기본이다. 잘 미끄러지지 않는 편한 신발을 신고, 옷도 너무 둔하지 않게 입어 활동에 지장을 주지 않도록 해야 한다.

妊婦行立 임부행립

妊婦或立或行 임부혹립혹행임　無任一足 무임일족　無倚柱 무의주

無履危 무이위　不由仄逕 불유측경　升必立 승필립　降必坐 강필좌

勿急趨 물급추　勿躍過 물약과　妊婦行立 임부행립

제11절 임신부가 잠잘 때 누워있는 방법

원문해석

임신부가 잠잘 때 누워있는 도리는 엎드려 자서도 안 되고
똑바로 누워 자서도 안 되고 몸을 구부리고 자서도 안 되고,
문 쪽으로 자서도 안 되고, 이불을 덮지 않고 자서도 안 되고,
크게 춥거나 더울 때는 낮잠을 자서는 안 되고, 많이 먹고 자서
도 안 되며, 달이 차면 옷을 쌓아 옆을 지탱하고, 밤의 반은 오
른쪽으로, 반은 왼쪽으로 자는 게 도리다.

원문의역

❖ 잠 자는 동안에도 임신부임을 잊어서는 안 된다.

막달로 갈수록 눕고 일어나는 행동이 어렵다. 그렇지만 엄마이기 때
문에 태아를 위해 수고로움을 감수해야 한다.

　이사주당은 태아를 키우고 낳는 행위를 매우 존귀하게 실천했다. 일상에서는 물론이고, 잠자는 시간까지도 삼가고 조심했던 어머니로서의 정성이 마치 도를 닦는 듯 가슴 깊게 와 닿는다.

　어쩌면 이사주당에게 임신과 출산은 도를 닦는 자체였는지도 모른다. 임신 중 어느 하나도 소홀히 여기지 않았던 그녀였기에 기억을 더듬어 귀한 책을 남길 수 있었다.

　이사주당은 문 가까이 눕지도 말며, 몹시 춥거나 크게 덥거든 낮잠을 자지 말 것과 배불리 먹고도 자서는 안 된다고 했다.

　문 가까이 눕지 말라고 한 것은 태아를 귀하게 여기는 마음가짐을 요구한 것이다. 밥상에서도 모서리나 가장자리를 피하도록 하는 것과 같은 이치다. 그뿐만 아니라 문 가까이 눕게 되면 사람들이 드나들면서 부딪히거나 배를 타고 넘어갈 수도 있다. 또한 겨울에는 찬 기운이 들어와 감기에 걸릴 수도 있으니 조심하라는 뜻이다.

　몹시 춥거나 크게 더울 때는 낮잠을 자지 말라고 했다. 우리가 잠을 잘 때는 쾌적한 온도와 습도가 매우 중요한데 냉난방이 수월치 않던 옛날에는 겨울에 잠깐 잠들었다가 저체온증에 걸릴 우려가 있다. 여름에는 체온 조절이 안 돼 오히려 몸이 더 무거워질 수도 있다. 배불리 먹고 잠자지도 말라고 했다. 소화도 어렵고 비만도 우려되기 때문이다.

妊婦寢臥 임부침와

妊婦寢臥之道 임부침와지도 寢毋伏 침모복 臥毋尸 와무시 身毋
曲 신무곡 毋當隙 무당극 毋露臥 무로와 大寒大暑 대한대서 毋
晝寢 무주침 毋飽食而寢 무포식이침 彌月則積衣支旁 미월즉적
의지방 而半夜左臥半夜右臥 이반야좌와반야우와 以爲度 이위도
妊婦寢臥 임부침와

임신부의 잠자기는 그다지 편하지가 못한 게 사실이다. 막달로 갈수록 몸이 무거워짐에 따라 몸을 눕히고 일으키는 자체가 매우 힘들어진다. 태아도 몸의 크기가 점점 커짐에 따라 엄마의 좁아진 배 속이 그다지 편한 공간이 아니다.

이사주당은 똑바로 위를 쳐다보고 눕지 말라고 했다. 배가 커지고 무거워지면 허리에 대한 압박감이 커지기 때문이다. 똑바로 누워 잘 때 혈액 순환이 어려워져 사산의 원인이 되기도 하는 것으로 알려졌다.

실제 임신 7개월 이상 된 임신부 대상 연구 결과, 수면 자세와 사산의 연관성이 있는 것으로 밝혀졌다. 오른쪽으로 누워 자거나 똑바로

누워 자는 여성이 왼쪽으로 자는 여성보다 태아가 사산할 확률이 높았다. 이는 오른쪽이나 똑바로 누워서 잘 경우 자궁으로 가는 혈액의 흐름에 영향을 미치기 때문이다.

이사주당은 이미 오래전에 혈액의 흐름을 원활히 할 수 있도록 오른쪽 왼쪽으로 번갈아 잘 것을 권했으니 과학 태교의 진수를 보는 것 같다.

제12절 음식을 먹는 도리

원문해석

임신부가 음식을 먹는 도리는 과실의 형태가 바르지 않은 것은 먹지 말며, 벌레 먹은 것도 먹지 말며, 썩은 것도 먹지 말며, 오이나 수박이나 날 채소도 먹지 말며, 음식이 차가운 것도 먹지 말며, 쉰 음식도 먹지 말며, 썩은 생선과 고기도 먹지 말며, 색깔이 나쁜 것도 먹지 말며, 냄새가 고약한 것도 먹지 말며, 제대로 삶지 못해 설익힌 음식도 먹지 말며, 아무 때나 먹지 말며, 고기가 비록 많이 있어도 절제해야 한다.

술을 마시면 맥박이 흩어지고, 당나귀와 말고기, 비늘 없는 생선은 난산하게 하며, 보리 싹과 마늘은 태를 삭이며, 비름과 메밀과 율무는 태를 떨어뜨린다.

참마와 메와 복숭아 열매는 자식에게 마땅치 않으며, 개고기는 자식의 목소리를 없애고, 토끼고기는 자식을 언청이로 만들고, 게를 먹으면 낳을 때 옆으로 나오고, 양의 간을 먹으면 자식에 액운이 있고, 닭고기와 달걀과 찹쌀을 함께 먹으면

자식에게 촌백충이 생기고, 기러기 고기를 먹으면 살다가 죽고,
참새고기를 먹은 자식은 음탕하고, 생강 싹을 먹으면 손가락이
많고, 메기고기를 먹으면 입안이 헐고, 산양고기를 먹으면 병이
많고, 버섯을 먹으면 잘 놀라고 요절한다.
계피와 생강가루는 섞지 말고, 노루고기와 마도 조개는 고깃국
을 끓이지 말고, 우슬과 화살 나물은 먹지 마라.
자식을 단정하게 하고 싶으면 잉어를 먹고, 자식을 건강하고
지혜롭게 하고 싶으면 소의 신장을 보리와 함께 먹고,
자식을 총명하게 하고 싶으면 해삼을 먹고,
출산에 임해서는 새우와 미역을 먹는다.
이것이 임신부의 음식 먹는 법이다.

❖ **음식 섭취는 특별히 조심해야 한다. 식중독이나 배탈이라도
나면 임신부나 태아 모두 힘들다.**

현대인은 과거와는 달리 각종 인공 첨가물과 변형, 가공 등의 과정
을 거친 비환경적인 식품환경에 둘러싸여 산다. 조상들과는 차원이 다
른 해로운 음식환경에 놓여 있는 것이다.

임신부가 먹는 음식은 유해 환경에 오염되지 않은 신선한 재료를 써
야 하고, 보기에도 좋아야 하고, 영양적으로도 우수해야 하며, 청결해

야 한다. 이런 음식을 먹어야 태아가 건강하게 자라고, 탈도 나지 않는다.

이사주당은 토끼고기나 개고기를 먹지 말라고 서술했다.

비슷한 것이 비슷한 것을 낳을 것이라는 유감주술적인 꺼림칙한 마음에 사랑하는 아기한테 어떤 영향이라도 미칠까 염려해서다.

한 유명 오리집 사장은 과학이 발달한 오늘날조차 임신부들이 손가락이 붙는다는 속설 때문에 가족 외식 중에 오리고기를 피한다고 했다. 그래서 자신이 직접 산부인과를 찾아가 괜찮다는 답변을 듣고 와서 임신부들을 안심시키는 중이라고 했다. 로켓이 우주를 날아다니는 요즘도 꺼림칙한 것을 피하고 싶은 게 임신부들의 마음이라고 할 수 있다.

우슬이나 화살나무 잎을 나물로 먹지 말라는 부분도 나오는데, 나물에 태아를 상하게 하는 성분이 있다고 한다. 고기를 절제하라고 했다. 혹시 고기의 기운이 태아에게 영향을 미칠까 걱정한 것이다. 고기를 너무 많이 먹으면 혈액이 산성으로 바뀌어 태아가 신경질적이고, 정서가 불안정해질 수도 있다.

妊婦飮食之道 임부음식지도

妊婦飮食之道 임부음식지도 果實形不正不食 과실형부정불식 蟲蝕不食 충식불식 腐壞不食 부괴불식 瓜菰과라 生菜不食 생채불식 飮食寒冷不食 음식한랭불식 食饐而餲 식의이애 魚餒而肉敗不食 어뇌이육감불식 色惡不食 색오불식 臭惡不食 취악불식 失飪不食 실임불식 不時不食 불시불식 肉雖多 육수다 不使勝食氣 불사승식기

服酒散百脈 복주산백맥 驢馬肉 려마육 無鱗魚難産 무린어난산 麥芽胡蒜消胎 맥아호산소태 한菜蕎麥薏苡墮胎 한채교맥의이타태 薯蕷旋薑桃實不宣子 서여선부도실부선자 狗肉子無聲 구육자무성 兎肉子缺辱 토육자결욕 螃蟹子橫生 방편자광생 羊肝子多厄 양간자다액 鷄肉及卵合糯米子病白蟲 예육급란합나미자병백충 鴨肉及卵子倒生 압육급란자도생 雀肉子淫 작육자음 薑芽子多指 양아자다지 鮎魚子疳蝕 점어자감식 山羊肉子多病 산양육자다병 菌蕈子驚而夭 균심자경이요

桂皮乾薑勿以爲和 두피건량물이위화 獐肉馬刀勿以爲羞 장육마도물이위학 牛膝鬼箭 우슬귀전 勿以爲茹 물이위여 欲子端正食鯉魚 욕자단정식리어 欲子多智有力食牛賢興麥 욕자다지유

력식우현홍맥 欲子聰明食黑蟲 욕자총명식흑충 當産食蝦與紫菜

당산식하여자채 妊婦飮食 임부음식

먹는 음식은 당장에 후유증이 나타나지 않더라도, 후대에 그 영향이 나타난다. 따라서 좋은 음식을 선별해서 먹어야 한다는 실험 결과가 포텐거의 고양이 실험이다.

정상 사료를 먹인 집단과 결함 있는 사료를 먹인 집단을 비교했을 때, 정상 사료 집단은 2·3·4대에 계속해서 건강한 고양이가 태어났다. 그러나 결함 사료 집단은 2대째부터 발육이 떨어지고, 질병이 나타나기 시작해 3대째에는 신체장애와 적대성을 갖는 고양이가 태어나고, 4대째는 아예 생식에 문제가 생겨 고양이 숫자가 줄어드는 현상을 보였다.

임신부는 아무것이나 먹고 배만 부르면 된다고 생각해서는 안 된다. 양질의 식품으로 영양소를 고루 챙겨 먹는 게 중요하다. 철분 엽산 단백질 등 태아 성장에 반드시 필요한 영양소를 잘 챙겨 먹고, 되도록 신선한 제철 음식과 믿음직한 신토불이 식품을 먹도록 해야 한다.

제13절 임신부가 해산에 임했을 때

원문해석

임신부가 해산할 때가 되면 음식을 충분히 먹고,

천천히 자주 걷고, 잡인과 만나지 말고,

자식을 돌봐줄 사람을 반드시 살펴 뽑고,

통증이 있어도 몸을 뒤틀지 말고,

비스듬히 누우면 출산이 쉽다.

원문의역

❖ **출산이 가까워져 오면 걱정도 되지만, 호흡법 등을 연습하면서 의연히 대처하자.**

몸에 이상이 있는 것도 아니면서 단지 무서워서 제왕절개를 하는 임신부도 있다. 나중에 후회하는 것을 봤다. 가냘프고 예쁜 탤런트들도 자연분만으로 아기를 잘 낳아 키운다. 그들도 하는데 나라고 못하겠냐는 마음으로 출산에 임하자. 태교의 완성이자, 최고의 태교 걸작품이 자연분만이다.

　마지막 달은 최종 마무리 시기다. 열심히 태교를 하다가도 막달에 접어들면 모든 게 끝난 것처럼 해이해지는 임신부들이 있다. 태아가 얼마나 허전하겠는가. 늘 자기를 불러주던 어머니의 음성과 손길이 뜸해지면 당황스럽고 막막한 마음이 들 것이다.

　한 번 태어나면 다시 배 속에 품을 기회는 영영 오지 않는다. 그때 후회하지 말고, 마지막 순간까지 최선을 다해 따뜻하게 감싸주자. 아기도 좁은 산도를 빠져나오기가 힘들다. 태아에게 용기를 주고 건강한 모습으로 만나자고 약속한다.

　제왕절개보다 자연분만 한 아기들의 두뇌가 더 좋다는 인식이 확산되고 있지만, 그래도 여전히 사주팔자나 두려움 등을 이유로 제왕절개를 택하는 임신부가 있다. 일생에 다시 오지 않을 고귀한 출산의 경험을 건강이 허락된다면 절대 포기하지 말기 바란다.

　출산할 때는 힘을 소모하기 때문에 음식을 충분히 먹고, 마음을 느긋하게 갖자. 평소 듣던 음악도 듣고 태아와 정겹게 대화도 나누면서 의연한 모습으로 산후조리 계획까지 미리미리 점검해 놓도록 한다.

妊婦當産 임부당산

妊婦當産 임부당산 飮食充如也 음식충여야 徐徐行頻頻也 서서
행빈빈야 無接雜人 무접잡인 子師必擇 자사필택 痛無扭身 통무유
신 偃臥則易産 언와칙이산 妊婦當産 임부당산 胎教止於産 태
교지어산 故以産終焉 고이산종언

'우리 집에 아기가 태어나요'라는 책이 있다.

책의 저자인 이토 에미코가 집안에서 온 가족에 둘러싸여 수중 분만
하는 출산 과정을 담았다. 가정 분만도 놀라운 일인데, 수중 분만까지
했으니 탄성을 자아낸다.

집에 찾아온 조산사가 어머니를 진찰하는 모습과 아기의 심장 소리
를 듣는 아이의 모습도 보인다. 물가에 둘러앉아 어머니의 출산 광경
을 지켜보는 가족의 모습까지 아기의 탄생을 자연스럽게 받아들이는
장면이 매우 인상적이다.

어린 자녀들은 평소 심장 소리를 들었던 배 속의 아기 탄생이었기에
전혀 낯설어하지 않고 가족의 일원으로 환영한다.

참으로 의연하고 멋진 엄마라는 생각이 든다. 사진은 남편이 찍었다

고 하니 온 가족의 합작품이다.

한 탤런트가 집에서 의젓하게 자연분만 했던 과정을 남긴 글을 봤다. 아직 어린 엄마들이 어쩌면 이렇게 멋지게 새 생명을 맞이할 수 있는지 큰 감동과 부러움을 주는 모습이 아닐 수 없다.

제14절 태교법의 총결

원문해석

임신한 어머니는 태아와 혈맥이 이어져 있어 호흡을 따라서 움
직이니,

그 기쁘고 성내는 바가 자식의 성격이며, 그 보고 듣는 것이

자식의 총명함이며, 춥고 따뜻함은 자식의 기운이며,

그 마시고 먹는 것이 살이 된다.

어미 된 자가 어찌 삼가지 않겠는가.

원문의역

❖ **엄마와 아기는 둘이면서 하나다.**

열달 동안 아기가 큰 것처럼 엄마도 컸다.

엄마도 처음 엄마가 되는 것이어서 처음에는 매사 서툴고 어렵고 힘
들었다. 잘 먹고, 잘 듣고, 잘 보고, 화도 덜 내야 한다는 당연한 사실들
도 처음 알았다.

태아가 쑥쑥 성장한 것처럼 엄마는 지혜로워졌고, 강인하면서도 따

스해졌다.

엄마가 임신 전에 받은 스트레스까지도 태아에게 영향을 미친다고 한다. 그동안은 유전 정보만 자식에게 전수된다고 알려졌지만, 유전적 정보 이외의 정보들도 영향을 주는 것으로 연구됐다. 여성들은 늘 평소 생활 관리에 신중을 기해야 할 것 같다.

태어나서 죽을 때까지 정신과 육체를 건강하게 잘 관리하고, 유지하는 것이 가장 바람직하다. 하지만 사고나 사회적 스트레스 등 자신의 의지와 상관없이 닥치는 외부적 요소는 속수무책일 때가 많다. 이를 잘 극복해내는 나름대로의 지혜를 쌓고, 강인한 정신력을 키우는 길밖에는 방법이 없어 보인다. 이 모든 평생의 과정은 결국 건강한 2세로 귀결된다.

교회나 절 등 종교생활을 통해 상처를 치유할 수도 있겠고, 종교가 없는 사람은 운동이나 여행, 상담 등을 통해서라도 그때그때 스트레스를 풀어내는 지혜가 필요하다.

胎教總結 태교총결

腹子之母 복자지모 血脈索連 혈맥색연 呼吸隨動 호흡수동 其所
喜怒爲子之性情 기소희노위자지성정 其所視聽爲子聰明 기소시
청위자총명 其所寒暖爲子之氣候 기소한난위자지기후 其所欲食
爲子之肌膚 기소욕식위자지기부 爲母者曷不謹哉 위모자갈불근재

이 세상에서 가장 강한 사람은 어머니라고 한다. 어느 순간에도 자식을 위해 목숨을 던질 자세가 돼 있고, 강인한 정신력으로 자식을 지켜낼 수 있기 때문이다.

과거 왕비들은 왕의 어머니가 되는 최고의 영광을 누렸다. 그러나 가장 강인한 사람임을 증명이라도 하듯 권력의 틈바구니에서 목숨 걸고 왕자를 잉태해 낳고 길렀다.

혜경궁 홍씨는 첫아들을 세 살 되던 해에 먼저 보냈다. 그때 배 속에는 정조 대왕이 자라고 있었다.

남편 사도세자가 시아버지 영조로부터 쌀뒤주에 갇혀 죽게 되는 지난하고 위태로운 과정에서 잉태되고 태어나야 했던 정조.

당시 살얼음판 같은 흉흉한 궁궐 분위기 속에서 아름다운 태교와 남

편의 위로는 고사하고, 모든 고통을 혼자 감내해야 했다.

보통의 여성이었으면 충격과 슬픔과 혼란에서 헤어나지 못해 배속의 아기도 온전치 못했을지 모른다. 그렇지만 혜경궁은 그 모든 상황을 굳건히 이겨내고 정조를 낳았다.

정조 대왕은 21세기에도 주목받는 CEO 군주로 꼽히고 있다. 그뿐만 아니라 아버지 사도세자에 대한 효성 지극한 모범적 군주이기도 하다. 이는 정조의 승리이자 어머니의 승리다.

어머니만이 가지는 힘, 마음을 다스려내는 강인한 힘이 있었기에 가능했던바 결국, 혜경궁은 자식을 위해 마음을 다스릴 줄 아는 강한 어머니의 표상이다. 탈무드에서는 자신의 마음을 통제할 수 있는 사람이 가장 강한 사람이라고 하지 않았던가.

태교신기는 정조 24년, 즉 정조가 승하하던 1800년에 완성됐다.

만일 개혁 군주로 칭송받는 정조가 좀 더 오래 살았더라면 어머니 혜경궁 홍씨와 함께 태교신기를 파격적으로 국가 차원에서 인쇄해 온 조선의 여성들에게 배포했을지 모른다.

아버지에 대한 효성이 지극하고 인재를 고루 등용했던 정조는 효를 강조하고, 인재 양성에 대해 꿈과 열정이 뜨거웠던 이사주당의 태교신기를 높이 평가하지 않을 수 없었을 것이다.

조선의 학자 권상규는 태교신기 발문에서 태교신기를 왕에게 바쳐 국가에서 인쇄해 배포하지 못한 아쉬움을 토로하기도 했다.

●남편이 자랑스런 이유 20가지 쓰기●

1.

2.

3.

4.

5.

6.

7.

8.

9.

10.

11.

12.

13.

14.

15.

16.

17.

18.

19.

20.

●아내가 사랑스런 이유 20가지 쓰기●

1.
2.
3.
4.
5.
6.
7.
8.
9.
10.
11.
12.
13.
14.
15.
16.
17.
18.
19.
20.

제5장

태교를 모르면 어머니
자격이 없다

제5장
태교를 모르면 어머니 자격이 없다

제1절 태교의 요점

태교를 알지 못하는 것은 어머니로서 부족한 것이다.

반드시 바른 마음을 가져야 한다.

바른 마음을 갖는 것은 법도가 있으니 그 보고 듣는 것을 삼가

는 것이요, 앉고 서는 것을 삼가는 것이요,

잠자고 먹는 것을 삼가는 것이요, 잡념이 없으면 가능하다.

잡념을 없애는 공으로 바른 마음을 가질 수 있으나

삼감에 이미 있는 것이다.

❖ 임신부가 모든 일에 조심하다 보면 마음이 바르게 된다.

나쁜 것을 보고 들으려 하지 않는 행동에는 이미 바른 마음이 작용

하고 있다. 작은 행동 하나라도 조심하려는 자세가 필요하며, 그러할 때 나쁜 잡념이 없어지고 바른 마음을 지니게 된다.

이사주당은 태교의 요점을 삼감이라고 했다. 이는 궁극적으로 마음을 바르게 갖기 위한 노력이다. 보고 듣고 말하고 잠자고 먹는 모든 행동을 조심하면 마음이 바르게 되고, 바른 마음이 곧 태교이다. 그러나 매사에 조심하고 절제하는 삼감이 쉬운 일이 아니다. 과연 어떻게 수양을 해야 옳을까. 좋은 책은 마음의 양식이라고 했다. 좋은 책을 읽음으로써 행동을 다스리고 마음을 바르게 하는 길로 들어서면 어떨까.

이사주당은 경서를 공부하면서 태교를 했다. 성인들의 가르침대로 행동함으로써 바른 마음의 길로 들어설 수 있었다. 사실 태교에서는 임신부의 책 읽기와 더불어 태아에게 책을 읽어주는 것이 좋은 태교 방법이다. 이사주당은 임신부에게 경서를 들려주라고 했다. 이는 곧 태아에게 들려주는 것이다. 책 읽기는 아버지가 읽어주는 게 제격이다. 태아는 아버지의 나지막하고 굵은 목소리를 잘 듣기 때문이다. 그런데 이사주당은 아버지 대신 앞 못 보는 장님을 통해 시를 읽게 하고 군자의 길을 이야기해주라고 했다.

이는 아버지가 일반 태교까지 함께 할 수 없던 당시 사회 분위기 속에서 앞 못 보는 직업 장님들로 하여금 아버지 목소리를 대신하려 했던 것이다.

조선 시대 아기들, 특히 양반가의 아기들은 어머니 배 속에서부터 경전 공부를 시작하면서 태어났다. 이때 임신부도 함께 공부했으니 임신부의 삼감과 바른 마음이 어찌 생기지 않을 수 있었겠는가.

胎敎之要 태교지요

不知胎敎 부지태교 不足以爲人母 부족이위인모 必也正心乎 필야정심호 正心有術 정심유술 謹其見聞 근기견문 謹其坐立 근기좌립 謹其寢食 근기침식 無襍焉則可矣 무잡언칙가의 無襍之功 무잡지공 裕能正心 유능정심 猶在謹之而已 유재근지이이 正心其功之大 정심기공지대 如此猶不過謹之一字也 여차유불과근지일자야

산을 사랑했던 퇴계 이황은 '유산여독서(遊山如讀書)'라는 말을 남겼다. '산을 노니는 것은 책을 읽는 것과 같다'고 했으니 얼마나 멋있는 말인가.

공부하기 위해 청량산에 들었던 이황은 자신의 호를 '청량산인'이라 할 정도로 청량산 사랑이 깊었다. 청량산을 오가산(吳家山)이라고 해서 집안의 산이라고 부르기도 했다. 이황의 사랑이 이러하니 이황을 따르는 선비들도 이 산을 오르면서 학문을 닦았다.

깎아 지르는 듯 한 산길을 걸으며 청량한 바람결을 느끼고 눈앞에 펼쳐지는 탁 트인 대지위에 뜨는 태양과 지는 노을을 바라보았을 이황. 청량산이라는 거대한 풍경의 페이지를 끊임없이 넘겼으리라.

넘기고 또 넘겨도 늘 새로운 페이지가 새록새록 솟아나는 청량산을 읽는 즐거움. 이황은 낙동강 물줄기를 따라 걸어서 청량산 산행을 하고 사색에 잠겼는데, 실제로 가보니 청량산 눈 아래 펼쳐지는 기막힌 풍경이 가히 사색의 바다임을 알게 해준다.

청나라의 문장가인 기효람은 시에서 '독서여유산 촉목개가열(讀書如遊山 囑目皆可悅)'이라고 했다.

"책을 읽는 것은 산을 노니는 것과 같아 눈길 닿는 것이 다 기쁨이다."

독서는 마음을 아름답고 풍요롭게 해준다. 남편은 임신한 아내의 손을 잡고 함께 가까운 공원에라도 나가 고운 동화책 한 권이라도 읽고 들어오면 어떨까.

조선 시대 아기들은 어머니 배 속에서부터 경전 공부를 시작하면서 태어났다. 요즘 아기들처럼 귀여운 곰돌이 이야기나, 아기 공룡 둘리 이야기는 꿈속에서도 들을 수 없는 이야기였고, 그만큼 격식과 예의를 아는 아이로 자라났다.

과거에는 지금처럼 책이 흔하던 시절이 아니었다. 책이 귀해서 백성들은 책을 많이 갖기 힘들었다. 소설책은 중요한 혼수 품목가운데 하나로 꼽을 만큼 귀했다. 시집가는 딸을 위해 아버지가 필사를 해서 보냈다는 이야기도 있다.

세책점에서 책을 빌려 읽는 것이 유행했지만 책값이 비쌌다. 그도 그럴 것이 세책점의 책들은 직접 베껴 쓴 필사본이 대부분이었다.

흐린 등잔불 아래에서 붓으로 일일이 베껴 쓰는 작업이 얼마나 힘들었겠는가. 그리고 하루에 몇 권을 베낄 수 있었겠는가. 그러니 아기들을 위한 동화책이 따로 있을 수 없었다.

지금은 책의 홍수 시대이니 태아에게 좋은 책을 원 없이 읽어 주자. 그래서 태어난 후에도 책을 좋아하는 아이로 자랄 수 있는 독서 뇌를 만들어주자. 책을 많이 읽는 것은 인생의 큰 자산이다. 세상을 이끄는 리더들 가운데 독서광이 아닌 사람이 별로 없다.

제2절 태교를 하고 안 한 결과는 뚜렷하다

어찌 열 달 노고를 꺼리는가. 태교를 아니 하면 그 자식이 불초
하니 스스로 소인의 어머니가 되려 하는가. 어찌 열 달을 힘써
노력해서 그 자식을 어질게 해서 스스로 군자의 어머니가 되려하
지 않는가.

이 두 가지가 태교를 세운 이유다. 옛 성인 역시 어찌 일반 사람
들과 크게 다르겠는가. 하고 안함이 두 가지에 있다.

대학(大學)에서 말하기를 마음을 성실하게 해서 구하면 비록
100% 맞지는 않더라도 그다지 틀린 것은 아니니 자식 키우는
것을 배운 후에 시집가는 것이 아니다.

❖ 태교를 하고, 안 하고에 따라 자식이 존경받는 성인군자가 되
기도 하고, 그렇지 못하기도 한다.

큰 인물은 하늘이 낸다고 하지만, 결국 하늘은 어머니다. 어머니가

성인군자를 만들기도 하고, 소인배를 만들기도 한다.

이사주당은 제3장 2절에서 특이한 맛을 탐하고, 사람들과 수다를 떨며 웃어대는 당시의 신세대 임신부들에 대해 걱정한 바 있다.

이사주당이 보기에 얼마나 철없어 보였을까. 그녀는 임신부가 수양하지 않고, 허황한 이야기에나 웃고, 태아의 조섭에 신경 쓰지 않으면 소인배의 어머니가 될 것이라며 걱정했다.

이사주당은 열 달을 어찌 보내느냐에 따라 군자의 어머니가 될 수도, 소인의 어머니가 될 수도 있다고 확신했다. 그러면서 고작 열 달도 공을 들이지 못하는 임신부들을 안타까워하고 있다.

군자는 완성된 인격체로 누구나 도달하고 싶어 하는 지향점이었다. 이사주당은 열 달을 어질게 보내 군자, 즉 훌륭한 인성을 갖춘 아기를 낳을 것을 촉구하고 있다. 심지어 옛 성인들도 보통 사람과 똑같았지만, 태교를 했기 때문에 성인이 될 수 있었다고 했다. 당시 철저한 신분 사회였음에도 누구나 태교를 하면 군자보다도 경지가 높은 성인이 될 수 있다고 희망을 주고 있다.

여성들이 자식 기르는 법을 다 배운 후 시집가는 것이 아니니 성실한 마음으로 노력하면 이룰 수 있다며 격려를 아끼지 않았다.

실제로 여성은 어머니로 회귀하는 과정을 거친다. 임신하게 되면 의지와 상관없이 뇌의 크기가 임신 전과 비교하면 일시적으로 줄어드는 현상이 나타난다. 이는 모성 본능 강화를 위한 과정으로 출산 후 뇌에 새로운 세포가 자라나는 과정이다.

인간의 몸은 자녀를 맞이하기 위해 신이 프로그램화 한대로 변화하고, 재구성하는 과정을 거쳐 완벽하게 부모 될 준비를 한다. 임신부는 의지를 가지고 열 달 동안 태아에게 배려, 사랑, 절제 같은 마음의 미덕을 키워주도록 노력해야 하지 않겠는가.

難之而使自求 난지이사자구

寧憚十月之勞 영탄십월지노 以不肖其子 이불초기자 而自爲小人之母乎 이자위소인지모호 曷不强十月之功 갈불강십월지공 以賢其子而自爲君子之母乎 이현기자이자위군자지모호 此二者胎敎之所由立也 차이자태교지소유립야 古之聖人 고지성인 亦豈大異於人者 역개대이어인자 去取於斯二者而已矣 거취어사이자이이의 의 大學曰 대학왈 心誠求之 심성구지 雖不中수불중 不遠矣 불원 의 未有學養子而后 미유학양자이후 嫁者也 가자야

고지능→좋은 학벌→ 좋은 일자리→부자→행복이라는 공식이 성립할까. 하버드 의대 조지 베일런트 교수가 IQ135이상의 하버드생 276명을 72년간 추적해 내린 결론은 "절대로 행복하지만은 않았다"였다.

이들 가운데는 알코올 중독자를 비롯해 가족들에게 버림받은 사람도 있었다. 이는 지능이 높다고 해서 모두 다 성공하고 행복한 것이 아님을 보여준다. 그렇다면 행복하기 위해서는 무엇이 필요한가.

최근에는 고난에 맞서는 자세라든가 인간관계, 자신을 억제하는 능력 등 지능 외에도 많은 요소가 필요하다는 연구가 잇따르고 있다.

미국 MIT 공대 합격자 가운데 학교 운동선수 출신들이 많다고 한다. 운동선수는 다른 사람들과 협력하고 이해하고 도울 수 있을 뿐만 아니라 자신의 욕구를 통제할 수 있는 인내심도 강하다. IQ만 높은 아이들보다 이처럼 EQ가 높은 아이들이 공부도 잘하고 사회에서 성공하는 사례다.

이사주당이 군자를 태교의 목표로 세우기도 했지만, 군자란 결국 자기 극복 능력과 다른 사람을 돌보는 자세 등을 갖춘 EQ적인 사람이다.

현대인들이 IQ에 목매고 있을 때 이사주당을 비롯한 조상들은 이미 EQ적 인간에 목말라 하면서 열 달 태교를 실천하고 있었다. 이제야 우리는 EQ적 인간으로의 선회를 서두르고 있는 셈이다.

세상에서 가장 아름다운 노래는 무엇일까.

이 세상에 태어난 아이들을 향해 사랑을 듬뿍 담은 프랑스의 싱어송라이터 이브 뒤떼이(Yves Duteil)의 '아이의 손을 잡고(Prendre un enfant)'를 추천해본다.

어느 날 CBS FM 라디오 방송에서 흘러나온 이 곡을 듣고 잠시 행복감에 젖었던 기억이 있다. 당시 '아름다운 당신에게' 진행을 맡고 있던 성악가 김동규는 우리나라에서 5월 어린이날 자주 들려주고 있는 세상에서 가장 아름다운 곡이라고 소개했다.

지난 1987년 프랑스에서 '가장 좋은 노래'로 뽑혀 전 세계에서 불리고 있는 이 노래를 엄마 아빠가 흥얼흥얼 따라 하면서 태교를 준비하면 어떨까 싶다.

"아이의 손을 잡고 내일로 가세요. 아이의 발걸음에 자신감과 신뢰를 주고, 아이를 왕으로 대해 주세요. 처음으로 우는 아이를 달래기 위해 아이를 품에 안고, 아이를 가슴 깊이 안고 처음으로 기뻐하는 아이를 보고 기쁨에 젖어……."

제3절 구하면 얻는다

어머니가 되어서 태를 기르지 않음은 태교를

아직 듣지 못했기 때문이다.

듣고도 행하지 않는 자는 포기한 것이다.

천하의 일이라는 것이 하고자 하는 데서 이뤄지고 포기하는 데

서 무너지는 것이다. 어찌 의지가 있는데 이뤄지지 않겠으며,

어찌 포기하는데 무너지지 않겠는가. 하고자 하면 이뤄진다.

어리석은 사람도 어려운 일이 아니며, 포기하면 무너지는 것이

니 지혜로운 사람도 쉽지 않다. 어머니가 되려거든 어찌 태교

가 의무가 아니겠는가. 시경(詩經)에 말하기를 알지 못한다면

서도 이미 자식을 안고 있다.

❖ **어머니가 되는 사람은 태교가 의무다.**

어머니는 반드시 태교를 해야 한다. 혹 태교를 알지 못해 못할 수는

있다. 그러나 알고도 안 하는 일이 있어서는 안 된다. 태교는 신분과는 전혀 상관이 없이 꼭 해야 하며, 하다가 포기하는 일이 있어서도 안 된다.

열 달은 길지만 인생에서 볼 때는 지극히 짧은 순간에 불과하다. 열 달을 참지 못하고 힘들다고 포기하는 어머니가 과연 있을까 싶다.

해설1

이사주당은 태교를 양반 등 특정 계층만의 전유물로 여기지 않았다. 어리석고 빈천한 사람이라도 누구든 노력하면 이룰 수 있다고 했다. 아무리 지혜롭고 훌륭한 사람도 하지 않으면 이룰 수 없다는 뜻이다. 이는 생명을 잉태하고 낳는 일에는 귀천이 있을 수 없음을 강조한 것이다.

요즘이야 누구나 태교를 한다지만 과거 조선시대는 신분 사회였기에 여건이 허락하지 않았다. 특히 사람 취급을 받지 못했던 여성 노비 같은 경우는 임신에 무방비로 노출된 데다, 출산 또한 수월하지 않았다. 해산달이 되면 지저분하다는 이유로 집 밖으로 쫓겨나기도 했다고 하니 그 막막한 심정을 누가 알았겠는가.

이사주당은 이 땅의 모든 임신부가 마음을 잘 다스려서 군자를 지향토록 했으니, 이는 신분과 계층을 뛰어 넘어 태교를 보급하려 했던 빛나는 생명존중 사상이 아닐 수 없다.

承上言 求則得之 승상언 구칙득지

爲母而不養胎者 위모이불양태자 未聞胎敎也 미문태교야 聞而不

行者 문이불행자 畫也 화야 天下之物 천하지물 成於强 성어강 隳

於畫 휴어획 豈有强而不成之物也 개유강이불성지물야 豈有强

而不成之物也 개유획이불휴지물야 强之斯成矣 강지사성의 下愚

하우 無難事矣 무난사의 畫之斯隳矣 획지사휴의 上智無易事矣

상지무역사의 爲母者 위모자 可不務胎敎乎 가부무태교호 詩曰此

曰未知 시왈차왈미지 亦旣抱子 역기포자

직장이나 학업이 바빠서 태교를 하고 싶어도 제대로 못 한다며 애
태우는 엄마들이 있다. 그러나 기본적인 모성 본능이 있기 때문에 태
아는 엄마가 자기를 사랑하고 있다는 사실을 알고 행복해한다. 엄마는
자신의 일에 열중하는 것만으로도 좋은 태교를 하고 있는 셈이다.

반면 일이 너무 힘들고 벅차다는 이유로 임신 사실을 원망하고 낙태
까지 하려고 하는 엄마도 있다. 이런 엄마는 한시라도 빨리 마음을 바

꿔야 한다. 태아는 엄마가 자신을 거부한다는 사실을 알고 있다.

이런 아기들은 태어나서 태중의 기억 때문에 고통스러워한다. 사랑하는 엄마 품에 포근히 안기지도 못하고, 애처롭게 엄마 젖까지 외면하기도 한다. 눈물로 후회하지 말고, 마음을 잘 다스려 진심으로 태아를 사랑해 주자.

시간을 별도로 내지 못하더라도 편안한 마음으로 맡은 일에 열중하면서 할 수 있는 태교가 있다. 일하는 틈틈이 배를 사랑스럽게 어루만져주는 것. 태아의 피부는 제3의 뇌라고 하지 않는가. 잠자기 전에 행복한 마음으로 자장가 한 소절 불러주는 것. 아기한테 미안함도 달래고, 지능과 EQ가 뛰어난 아기를 낳는 길이다.

아무리 바쁘고 힘들어도 태아를 품은 열 달 동안 임신부가 할 수 있는 태교가 있다. 한 사람이 석가모니를 찾아가 자기는 하는 일마다 되는 게 없다고 하소연했다. 그랬더니 석가는 남에게 베풀지 않았기 때문이라고 답했다. 가진 게 없던 그자는 도대체 무얼 베풀라는 것이냐며 답답해했다.

석가는 재산이 없더라도 남에게 줄 수 있는 게 일곱 가지가 있다고 충고했다. 곧 무재칠시(無財七施)다. 임신부는 시간이 없다고 탓만 할 게 아니라 별도로 시간을 내지 않더라도 실천할 방법을 찾아보도록 하자. 우선 주변 사람들과 칠시부터 나눠 보면 어떨까. 물론 신시나 좌시는 어렵겠지만.

첫째는 화안시(和顔施)다. 얼굴을 부드럽게 하고 남을 대하면 남에게
편안함을 줄 수 있다.

둘째는 언시(言施)다. 사랑의 말, 칭찬의 말을 베푸는 것이다. 속이는
말, 성나게 하는 말을 삼가는 것이다.

셋째는 심시(心施)다. 따듯한 마음으로 남에게 용기를 주는 것이다.

넷째는 안시(眼施)다. 편안한 눈빛으로 남을 대하며 좋은 점을 보려는
눈이다.

다섯째는 신시(身施)다. 몸으로 남을 돕는 것이다.

여섯째는 좌시(座施)다. 힘들고 지친 사람에게 자리를 양보하는 것
이다.

일곱째는 찰시(察施)다. 굳이 묻지 않고도 상대의 속을 헤아려 도와주
는 것이다.

●태어날 아기가 사랑스런 이유 10가지 쓰기●

1.

2.

3.

4.

5.

6.

7.

8.

9.

10.

● 태어날 아기에게 편지쓰기 ●

제6장
태교를 안했을 때의 폐해

제6장
태교를 안 했을 때의 폐해

제1절 태를 잘못 기르면 장애를 겪거나 생명이 위험하다

태를 기름에 삼가지 않으면 어찌 자식이 재주만 없겠는가.

그 형태가 온전하지 않고 질병도 심히 많다. 또한, 태가 떨어지

고 낳기도 어렵다. 비록 낳아도 일찍 죽는다. 실로 그 이유가 태

를 잘못 기른 데 있는데 어찌 나는 모른다고 하겠는가.

서경(書經)에 말하기를 하늘의 재앙은 피할 수 있다.

그러나 스스로 재앙을 짓는 것은 피할 수 없다.

❖ **태교는 인성 외에도 건강한 아기를 낳기 위해 꼭 해야 한다.**

임신부는 태교 상식이 풍부해야 한다. 특히 좋은 것을 해주는 것 못

지않게 해서는 안 될 것을 잘 알고 실천해야 한다. 태아의 생명과 건강

을 해칠 수 있으니 해로운 것으로부터 보호하는 게 급선무다.

이사주당은 태를 정성껏 기르지 않으면 자식이 재주만 없는 게 아니라 기형아가 태어날 수도 있고, 유산이 될 수도 있으며, 낳아도 수명이 짧을 수 있음을 경계하고 있다.

의학과 과학기술이 발달한 현대에도 많은 아기가 기형 혹은 조산등 위험에 노출돼 있는 것을 보면, 조선 시대는 더 말할 나위가 없었을 것이다.

빈약한 먹거리에 강도 높은 노동과 열악한 의료시설, 비위생적인 환경 등 어느 하나도 임신부가 태아를 제대로 키우고 낳기에 수월한 게 없었다. 특히 시집살이와 가부장적 폭력, 축첩제 등으로 인한 정신적, 신체적 스트레스도 치명적 악재 가운데 하나였을 것이다.

이사주당은 총명하고 어진 인성을 갖춘 아기를 낳는 것보다 건강한 아기 출산이 더 시급하고 절실했을 수도 있다. 따라서 임신부의 일하는 법, 먹는 법, 잠자는 법, 양생법, 걷는 법 등 임신부가 열 달 동안 조심해야 할 내용을 제4장에서 조목조목 다뤄 불행을 미리 방지할 수 있도록 했다.

그러나 태아가 잘못되는 경우 못지않게 출산 도중이나 출산 후의 후유증으로 임신부가 사망하는 경우도 많았으니 열 달 동안의 태교 과정은 곧 임신부를 위한 것이기도 했다.

출산 역시 난제였다. 전문 의료진과 장비라고는 없던 시절, 그저 비좁은 방 한쪽에서 산파나 남편 혹은 시어머니의 도움을 받아 출산하는 게 고작이었다. 이때 비위생적인 처리로 인한 감염이나 각종 난산의 상황이 발생하면 속수무책이었다.

1970년대에도 산부인과 병원에는 난산의 산모를 구급차도 아니고 리어카에 태워 몇 시간을 달려오는 사례가 흔했다고 하니, 조선 시대는 더 말해 무엇하겠는가.

조선 후기의 무관인 노상추(1746~1829)가 68년 동안 하루도 빠짐없이 썼던 일기를 통해 아이들의 잇따른 사망은 물론 출산 후 여성의 사망이 줄줄이 일어나고 있음을 확인할 수 있다.

노상추 일기를 연구한 문숙자 박사는 "가문의 대를 잇고 가족의 구성원을 만드는 출산은 여성에게는 삶과 죽음을 가르는 생명을 건 모험이었다. 출산과 동시에 혹은 출산한 지 불과 며칠, 몇 달 만에 사망하는 여성이 줄을 이었다"고 했다.

양반가가 이와 같았을진대 그들보다 사회 경제적 지위가 낮은 하층민 여성들의 상황은 더 심했을 것으로 추측된다.

不幸胎教之害 불행태교지해

養胎不謹 양태불근 豈惟子之不才哉 개유자지부재재 其形也不
全 기형야부전 疾也孔多 질야공다 又從而墮胎難産 우종이타태난
산 雖生而短折 수생이단절 誠由於胎之失養 성유어태지실양 其
敢曰 기감왈 我不知也 아부지야 書曰 서왈 天作孼猶可違 천작얼
유가위 自作孼不可逭 자작얼불가환 天降災禍猶可修德而避之
전강재화존가수덕이벽지 身旣失德而致之則 신개실덕이치지즉 又安
所逃乎 우안소도호

태교는 태아에게 해서는 안 되는 것과 해줄 것을 잘 알고 실천하는
것이라고 할 수 있다.

무엇보다 해서는 안 될 일을 잘 지켜야 한다. 스트레스, 술, 담배, 마
약, 카페인, 소음 등은 기본적으로 피해야 할 대상이다. 이러한 것이 잘
지켜지지 않았을 때 장애아 저능아 유산 사산 조산은 물론 성장하면서
이상행동을 보일 수 있다. 임신 3개월까지는 태아의 신체기관이 형성
되는 시기로 자연유산의 80%가 이때 발생하는 만큼 절대 무리해서는
안 된다.

태아를 잘 키우는 것은 어찌 보면 매우 쉬운 일인 것 같지만, 부모와 가족과 사회의 이해와 도움이 필요하다.

특수한 상황에서 아기를 낳아야 하는 임신부들의 경우는 도움이 더욱 절실하다. 장애를 앓고 있는 임신부들의 경우는 옆에서 누군가가 지극하게 도움을 주어야 건강한 신생아를 품에 안을 수 있다. 앞을 못 보거나 듣지 못하기 때문에 돌발 상황이라도 발생하면 일반인들과는 달리 대처하기가 쉽지 않기 때문이다.

특히, 10대 미혼모의 경우도 마찬가지다. 신체가 완전히 성장하지도 않은 상태에서 임신한데다가 임신 시 주의점이나 모성의식 부족 등으로 어려움을 겪기도 한다. 죄의식과 사회의 곱지 않은 시선까지 겹쳐 심한 스트레스를 받을 수도 있다. 이들을 따뜻하게 감싸주고 임신부의 자세 등을 교육해 안전하게 출산할 수 있도록 도움을 주는 것이 우리 사회가 할 일이다.

최근에는 고령 임신부에게 시선이 모이고 있다. 출산의 어려움에 대한 매스컴의 잇따른 보도는 오히려 만혼자들에게 심리적 불안을 가중시킬 수 있다. 차라리 고령 임신부 성공 출산 사례를 홍보해 용기를 주면 어떨까 싶다.

이사주당은 금기 음식을 나열하면서 술을 마시면 모든 맥이 흩어진다고 조심하라 일렀다. 그러나 태교신기 그 어느 곳에서도 흡연의 해악에 대해서는 다루지 않았다.

담배의 해악에 대해 알지 못했기 때문이다. 임진왜란 직후에 조선에 전해진 담배는 당시 남령초라 해서 신령스런 약초로 여겨졌다. 소화를 돕고 회충을 없애 주는 만병통치약이었다.

담배는 서양에서도 한때 만병통치약으로 여겨져 심지어 어린 학생들에게 급식처럼 담배를 나눠주던 때가 있었다고 한다. 아이들이 역겨워서 몰래 버리면 매를 때리기도 했다고 전해진다.

17세기에 쓰인 하멜 표류기에 조선의 어린아이들은 4, 5세 때 담배를 배워 양반 상놈 가리지 않고 남녀노소 담배를 피웠다고 전한다.

조선 중기에 이르면 여성 흡연이 위축되지만, 그래도 흡연은 계속됐다. 그나마 여성의 흡연을 금한 이유는 태아 혹은 건강에 미치는 해악 때문이 아니라, 다 된 밥에 재를 떨어뜨린다든가 지저분하다는 이유 때문이었다고 한다.

오늘날의 중장년도 어린 시절 배가 아플 때 어른들이 담배를 빨렸던 기억을 하고 있을 정도니, 태교신기에 술은 금하는 내용이 있어도 담배를 금한 부분은 찾아볼 수 없는 게 어찌 보면 당연하다.

●부부 서약서●

1.

2.

3.

4.

5.

6.

7.

8.

9.

10.

제7장

간사한 마음이
일지 않아야한다

제7장
간사한 마음이 일지 않아야한다

제1절 부적과 주문으로 태아를 지키는 게 아니다

요즘 임신부의 집은

소경과 무녀를 끌어들여

부적을 붙이고

주문을 외우며

빌고 푸닥거리를 한다.

또 불사를 짓고 스님에게 시주한다.

이렇게 하면 사악하고 편벽한 생각이

일어나서 거스른 기에 응하고 거스른 기운이

아기의 형상을 이루게 돼 길함이 없다.

❖ **다치지 않게 조심하고, 마음의 안정을 찾는 것이 건강한 아기를 낳는 지름길이다.**

의학 기술이 발달하지 않았던 옛날에는 부적이나 신에게 의존하는 바가 컸다. 유산되지 않고 순산하게 해달라고 빌었다. 뿐만 아니라 아들을 낳게 해달라고 빌었다. 그러나 이 같은 행위는 오히려 심리적 스트레스로 작용해 태아에게 좋을 리가 없다.

요즘은 아들딸 구별하지 않는 데다 의료시설도 잘 돼 있으니, 건강 체크를 잘하고, 잘 먹고, 마음 편안하게 있는 게 임신부의 바른 태도다.

조선 시대 여성은 태어남과 동시에 아들 낳기가 인생 유일의 과제였다. 시집의 대를 이어줄 아들을 낳지 못하면 칠거지악으로 쫓겨나는 빌미가 됐으니 아들에 목숨 걸고 매달렸다.

잉태를 못 한 임신부들은 임신하게 해달라고 빌었고, 잉태한 임신부들은 태아가 훌륭하고 건강한 아들이기를 간절하게 소원하며 빌었다. 그러나 이사주당은 주술적인 바람이 결코 아기를 위해 좋을 것이 없음을 충고하고 있다.

태교는 오간 데 없이 아들에 대해 노심초사하는 욕심만 있게 되는 꼴이니, 이는 엄청난 스트레스로써 오히려 건강을 해치는 요인이 될 수 있기 때문이다.

　이사주당은 대신 과학적인 태교 방법에 임할 것을 주문했다. 태교신기 곳곳에 과학적 태교 방법이 서술돼 있다. 아버지의 하루 낳음의 중요성, 임신부를 위해 조용한 환경을 조성할 것, 스트레스로부터 보호할 것, 잘 먹을 것 등 곳곳에서 21세기의 과학 태교 방법이 등장하고 있다.

　현대인들은 아들 선호에서는 벗어나 있지만, 불임부부의 경우 자녀를 가지려고 보이지 않는 무엇인가에 의지하려는 마음은 똑같아 보인다.

　이사주당의 묘역을 찾아가서 기를 받고자 하는 불임여성들도 있다. 그들은 실제 묘역을 찾아가 정성을 드리기도 한다. 지푸라기라도 잡고 싶은 심정을 당사자가 아니고서는 이해하기 어려울 것이다.

　그러나 진정 이들에게 시급한 것은 자녀에 대한 집착보다는 부부의 심신을 편안하게 하고, 신체를 건강하게 갖추려는 여유 있는 자세다. 초조한 마음은 오히려 임신에 방해 요소만 될 뿐이다.

戒惑邪術 계혹사술

今之妊子之家 금지임자지가　致瞽人巫女 치고인무녀　符呪祈禳
부주기양　又作佛事 우작불사　舍施僧尼 사시승니　殊不知 수부지
邪僻之念作而逆氣應之 사벽지념작이역기응지　逆氣成象而罔攸
吉也 역기성상이망유길야

스포츠와 심리학이 만난 이유가 있다. 승부를 가르는 중요한 여러 요인 가운데서 심리적 불안이 선수의 경기력에 가장 큰 영향을 미치기 때문이다. 평소에 잘하다가도 실전에 임하기만 하면 떨려서 제 실력을 발휘하지 못하는 선수들을 위해 심리 강화 훈련법이 효과가 크다. 이는 긴장감과 집중력을 스스로 조절할 수 있게 하는 방법이다.

가장 일반적인 방법으로는 호흡법이 있다. 긴장으로 호흡이 가빠지면 근육이 경직돼 생리적으로 영향을 미치게 되므로 심호흡을 통해 긴장감을 떨어뜨리는 방법이다.

임신도 예외가 아니다. 스포츠보다 더욱 예민하고 정교한 최고의 심리적 조화가 필요한 부분이 새로운 생명을 탄생 시키는 임신이다.

임신에서 정신적 여유는 신체적 건강과 함께 쌍두마차다. 특히 불임

부부의 경우 마음을 편안하고 행복하게 갖는 것은 가장 기본이다. 금주와 금연, 건강관리, 규칙적인 생활 습관을 갖도록 부부가 함께 노력해야 한다. 또 명상을 통해 마음을 이완하고 바라는 대로 잘 될 것이라는 낙천적인 마음을 갖자. 그러면 어느 순간 임신의 기쁨이 찾아올 것이다.

공자의 아버지 숙량흘은 60이 넘은 상태에서 대를 이을 아들이 귀해 안씨 집안의 셋째 딸을 맞아 공자를 낳았다고 한다.

17세에 공자를 낳은 어머니 안징재는 무속인이며 이들은 정상적인 결합이 아닌 야합을 했다고 전해지기도 한다. 어쨌든 공자의 집안은 아들을 갈망했기에 어머니가 니구산에 올라 아들을 점지해 줄 것을 빌었다.

요즘은 아이를 못 가지면 과학적 방법이 동원되지만, 당시는 보이지 않는 신에게 비는 길밖에 없었다.

그뿐만 아니라 손이 귀한 집에서 잉태하게 되면 아기가 아무 탈 없이 잘 태어나기를 바라는 마음에서 절에 시주도 하고 부적도 지녔다. 태어나서도 매일 아침 정화수를 떠 놓고 잘 자라기를 바라며 치성을 드렸다. 심지어 아들을 원하는 집에서는 딸을 아들로 바꾸는 부적을 지니기도 했다.

동의보감에도 비법이 등장한다. 전녀위남법이라고 하여 임신한 여성이 활줄 한 개를 비단 주머니에 넣어 왼팔에 차고 있다든가, 임신부가 원추리꽃을 차고 있거나, 수탉의 긴 꼬리를 3개 뽑아 임신한 여성의 자리에 넣고 알려주지 않으면 딸이 아들로 바뀐다는 이야기다.

양의 기운으로 딸을 아들로 바꿀 수 있다는 이야기인데, 당시의 민간에 비법으로 떠돌던 이야기를 수록한 것으로 여겨진다.

이사주당은 성리학의 측면에서 볼 때 무속이나 불교의 행위가 비합리적으로 여겨졌을 테지만 당시 남아에 대한 간절한 염원은 막을 수가 없었다.

제2절 질투를 하지 마라

질투하는 사람은 여러 첩과 자식이 있는 것을 꺼린다.

한 집에 두 명의 임부가 윗동서 아랫동서 사이라도

역시 서로 용납하지 못하니 어찌 이와 같은 마음가짐으로

자식을 낳아 재주 있고 장수 하리오,

내 마음이 하늘이라.

마음이 착하면 하늘의 운명이 선하고, 천명이 선하면 선함이

자손에 미치니 시경(詩經)에 말하기를 평화롭고 즐거운 군자

여 복을 구함에 삿되지 아니한다 하니라.

❖ 대범하고 강인한 마음을 갖는 것이 바로 어머니의 힘이다.

생명을 품고 있는 어머니는 일희일비해서는 안 된다. 태아와 눈을 마주치고, 마음을 마주치는 시간도 부족하다. 다른 데 신경을 쓰면 그만큼 아기에게 손해라는 생각을 하자. 굳건하게 마음의 중심을 잡고

오로지 건강한 아기 낳기에만 정성을 기울여야 한다.

이사주당은 첩이 자식을 낳아도 질투를 참으라고 했다. 질투를 참기는 참으로 어렵다. 오죽하면 윗동서 아랫동서 사이조차 시기와 질투를 할까.

이사주당은 임신부에게 도의 경지에 이를 것을 주문했다. 오로지 자식만을 생각하라고 간절히 요구하고 있다. 이사주당은 시기 질투야말로 상당한 스트레스로서 자식이 장수하는 데 어려움을 겪을 것임을 안다. 그래서 자식에게 작은 화라도 미칠 것을 우려해 첩이 자식을 낳아도 이해하라며 애원하고 있다.

질투·분노·노여움 같은 감정이 심하게 되면 태아에게 해롭다는 것을 이미 이사주당은 앞장에서 일깨웠다. 임신부가 화가 나면 태아의 혈이 병든다고 하면서 가족 태교의 필요성을 역설한 데서 찾을 수 있다.

지금은 일부일처제가 자리를 잡고, 아내가 임신하면 헌신적으로 봉사하는 남편들이 많아져서 다행이다. 부부가 최소 하루에 한 번씩 전화나 문자를 보내면서 사랑한다고 마음을 전하면 어떨까. 배우자의 마음을 확인하면서 행복감을 느낀다면 인성 좋고 건강한 아기가 태어날 것이다.

戒存邪心 계존사심

性妒之人 성투지인 忌衆妾有子 기중첩유자 或一室兩妊婦 혹일
실양임 姒娣之間 사제지간 亦未相容 역미상용 持心如此 지심여차
豈有生子而才且壽者 개유생자이재차수자 吾心之天也 오심지천
야 心善而天命善 심선이천명선 天命善而及于孫子 천명선이급우
손자 詩曰豈弟君子 시활개제군자 求福不回 구복불회

여성은 질투에 눈이 먼다는 실험 결과도 있다. 질투를 느끼게 되면 시선이 어지러워지고 판단에 어려움이 따른다고 한다.

과학적으로 증명되는 질투심을 참아내야 했던 조선의 여인들이 참으로 안쓰럽다. 국가적으로는 아예 칠거지악 중에 투기 항목을 만들어 질투하는 아내를 쫓아낼 수 있다고까지 억압 했다.

노론의 영수였던 송시열은 시집가는 딸에게 내려준 계녀서에서 남편이 많은 첩을 둬도 화내지 말고 공경할 것을 당부하고 있다.

여성들이 목소리를 낼 수 없던 사회에서 여성 지식인인 김호연재는 여성의 투기는 여자만의 문제가 아니라며, 투기의 원인 제공자인 남편의 잘못을 따지기도 했지만 불가항력이었다.

남성의 질투는 여성의 질투보다 더 강하다고 한다. 남성은 사랑하는 여인에게서 자기 자식임을 확신할 수 있는 자식을 낳기 위한 본능이 있기 때문이다. 이를 위해 자기의 아내가 다른 남자를 만나는 것을 허용할 수 없다고 한다.

셰익스피어의 작품 오셀로는 남성의 비극적 질투를 그리고 있다. 오셀로의 기수 이아고는 캐시오에게 부관의 자리를 빼앗긴 복수를 위해 거짓으로 오셀로의 질투를 자극한다. 오셀로의 아내 데스데모나가 캐시오와 밀회를 한다고 한 것이다. 오셀로는 사랑하는 아내를 죽인다. 하지만 모든 사실이 밝혀져 결국 오셀로는 자살하고, 이아고는 처형을 받는다.

동서양이 다르겠는가. 남성 스스로는 시기심과 질투를 억제하지 못하고, 살인까지도 불사하면서 여성들에게만 절개를 요구했으니 가혹한 남성 중심의 악법이 아닐 수 없다.

●아기를 위한 부모 서약서●

1.

2.

3.

4.

5.

6.

7.

8.

9.

10.

_____ 년 _____ 월 _____ 일

아빠 _____ 엄마 _____

제8장

태를 잘 길러야 재주 있고
장수한다

제8장
태를 잘 길러야 재주 있고 장수한다

제1절 어머니가 건강해야 아기도 건강하다

원문해석

의원이 말하기를 어머니가 한 병을 얻으면 아기도 한 병을 갖게 되고, 어머니가 열병을 얻으면, 아기도 열병을 갖게 된다. 이 같은 이치를 알아야 한다. 자식이 어머니 몸에 있는 것이 오이가 오이넝쿨에 있는 것과 같다. 젖고 마르고 자라고 익는 것이 그 뿌리에 물을 대고 대지 않는 것과 같다. 나는 어미가 잘 먹지 못함에도 태를 잘 기르는 것을 아직 보지 못했다. 또 태가 잘 길러지지 않고도 능히 재주가 있고 장수하는 것을 보지 못했다.

원문의역

❖ 어머니와 태아는 한 몸이다. 어머니가 잘 먹고 건강해야 아기

도 건강하다.

나무에 물을 주지 않으면 나무도 마르고 열매도 마른다. 어머니와 태아의 관계도 똑같다. 어머니가 건강해야 아기도 건강하고 재주가 있다. 어머니가 잘 먹고 잘 쉬고 병에 걸리지 않도록 주의해야 한다.

해설1

자식은 마치 오이넝쿨에 매달려 있는 오이와 같아서 태아는 임신부가 섭취한 음식과 영양소를 통해서 생명을 유지하고 성장하게 된다. 따라서 태교 가운데 음식 태교가 가장 중요하다고 할 수 있다.

눈에 보이지 않는 정자가 난자와 만나 하나의 수정란을 이루고, 분열을 거듭하면서 인간의 형태를 갖추어 나가기까지 태아는 살과 뼈와 피를 형성하기 위해 갖가지 영양소가 필요하게 된다.

엄마는 태아를 키우기 위해서 식사량에 집착할 것이 아니라, 평소 먹던 영양소의 양을 늘려야 한다. 또 고른 영양 섭취를 위해 노력해야 한다.

특히 음식 섭취는 건강뿐만 아니라 성격까지 좌우한다는 점에서 조심해서 가려 먹어야 한다. 당연히 인스턴트식품과 가공식품은 피해야 한다. 염분과 기름, 각종 식품 첨가물로 범벅된 이같은 음식은 영양소 없이 열량만 높다. 또 태아의 체질을 산성화시키고 신경질적인 아이로 만들 수 있다. 옛 어른들은 아이의 기질에 영향을 미친다고 하여 맵고

짜고 뜨겁고 차가운 음식도 가려 먹었다.

임신 기간에는 식사를 걸러서도 안 된다. 식사를 불규칙하게 하면 태아의 정서가 불안정해지기 때문이다.

엄마로부터 영양 공급을 규칙적으로 받은 태아는 정서 발달이 좋고, 지능이 우수한 아기로 태어난다. 특히 태아 때는 두뇌가 급속히 발달하기 때문에 단백질 공급이 매우 중요하다. 이 시기에 영양을 제대로 주지 못하면 커서 아무리 좋은 영양소를 많이 먹어도 뇌의 성장에 도움을 줄 수 없다.

엄마는 영양소 섭취 못지않게 음식의 조절을 통한 질병 예방에도 주의해야 한다. 자칫 생명을 잃을 수도 있는 임신중독증을 막기 위해서는 염분, 수분, 자극성이 강한 음식 등을 조절해야 한다.

임신 기간 중 엄마의 잘못된 식습관이 아이의 편식으로까지 이어지고, 소아암이나 소아 당뇨를 부를 수도 있다. 임신부의 영양 상태가 나쁠 경우 조숙아, 미숙아, 장애아, 유산, 기형아가 될 확률도 높다.

원문

養胎之所當然 양태지소당연

醫人有言曰 의인유언왈 母得寒兒俱寒 모득한아구한 母得熱兒
俱熱 모득열아구열 知此理也 지차리야 子之在母 자지재모 猶瓜

之在蔓 유과지재만 潤燥生熱 윤조생열 乃其根之灌若不灌也 내

기근지탄관약부관야 吾未見 오미견 母身不攝而胎能養 모신불섭이

태능양 胎不得養而子能才且壽者也 태부득양이자능재차수자야

제2절 사회적 지위가 높아도 태교를 모르면 못 한다

쌍둥이의 얼굴과 용모가 같은 것은

태를 똑같이 길렀기 때문이다.

한 나라 사람의 풍속과 숭상하는 바가 서로 같은 것은

태를 기를 때 섭취한 음식물이 같기 때문이다.

한 세대의 품격이 서로 같은 것은

태를 기를 때 보고 들은 것이 같기 때문이다.

이 세 가지가 태교의 이유이다.

군자는 이미 태교의 명백함이 이와 같음을 보았으면서도

행하지 아니하니 나는 아직 이유를 모르겠다.

❖ 태교는 먹고 보고 듣고 기르는 일상적인 행위임에도 누군가가 알려주지 않으면 실천이 어렵다.

아무리 우주를 여행하는 과학의 시대를 살아도 태교를 배우지 않으면 행하지 못한다. 이사주당처럼 과학의 도움 없이도 스스로 연구해서 태교를 몸소 실행하고 전문서까지 펴낼 수 있는 여성은 유일무이한 천재적 인물이다. 태교신기가 나온 후 200여년의 공백기.

근대 이래로 똑똑한 여성들이 많았지만, 태교를 제대로 실천한 여성들이 얼마나 있을까. 태교는 국가가 나서야 한다. 태교가 무엇인지, 어떻게 해야 하는 것인지 국민을 일깨우고 가르쳐야 한다.

해설1

이사주당은 당시 존경받는 집안조차도 태교를 실행하지 않는 것을 한탄했다.이사주당 눈에는 마치 알면서도 안 하는 것처럼 비춰지지만 실상은 그게 아니다. 몰라서 못하는 것이다. 이사주당 눈에야 태교를 해야 하는 이유가 여기저기 명백하게 보인다. 그러나 사람들은 눈뜬장님처럼 그 중요한 사실을 전혀 눈치조차 채지 못하고 있다.

이사주당은 쌍둥이, 한 나라, 한 세대라는 큰 틀 속에서 태교의 효험을 증명해 보이고 있다.

태교는 어머니 배 속에서 보고 먹고 듣고 배운 대로 태어나는 것이다. 즉, 입력된 대로 출력된다. 크게 보면 한 배에서 나온 쌍둥이나, 한 지역에 사는 한 나라 국민이나, 한 세대가 서로 비슷한 것은 먹고 보고 듣고 배운 것이 비슷하기 때문이다.

이사주당이 보기에 이는 태교의 효과를 유추할 수 있는 단서였으리라.

부모들이 조금만 관심을 기울이면 태교도 이 같은 것임을 단번에 알아차리고, 서둘러서 태교를 행할 게 분명하다고 보는 것이다. 그런데 이렇게 태교를 해야 하는 이유가 곳곳에 보이는데도 태교를 하지 않으니 얼마나 황당하고 안타까웠을까 싶다.

養胎之所已然又歎其不行 양태지소이연우탄기불행

攀子面貌必同 연자면모필동 良由胎之養同也 양유태지양동야 一邦之人 일방지인 習尙相近 습상상근 養胎之食物爲敎也 양태지식물위교야 一代之人 일대지인 品格相近 품격상근 養胎之見聞爲敎也 양태지견문위교야 此三者 차삼자 胎敎之所由見也 태교지소유견야 君子旣見胎敎之如是其皦 군자기견태교지여시기교 而猶不行焉 이유불행언 吾未之知也 오미지지야

60년대에 필자의 어머니는 예쁜 아기 모델 사진을 오려서 벽에 붙여놓고 정성껏 태교를 했다. 예쁘고 건강한 아기가 태어나주길 바라는 소박한 마음의 발로였다.

요즘 신세대 엄마들은 피겨의 여왕 김연아의 동영상을 틀어놓고 태교를 한다고 들었다. 김연아를 닮은 아름답고 열정적인 아기가 태어나 주길 바라는 마음이다. 탤런트 이승기도 멋진 태교 모델이라고 들었다. 시대가 바뀌면서 모델이 달라졌지만 훌륭한 아기를 낳고 싶어 하는 부모의 염원은 변함이 없다.

방송에서 흘러나온 소프라노 조수미 어머니의 태교담은 이미 많은 사람이 들어서 알고 있다. 그녀의 어머니는 이루지 못한 성악가의 꿈을 태아가 이뤄주기를 바랐다. 그래서 조수미를 임신했을 때 마리아 칼라스, 레나타 테발디 등의 오페라 음반을 즐겨 들었다고 했다. 그 어머니는 태중의 조수미를 위해서 직접 노래를 불러주기도 했다. 이는 먼 훗날 지휘자 카라얀으로부터 신이 내린 목소리라는 격찬을 받은 세계적인 소프라노 조수미를 낳게 했다.

물론 음악 태교를 흠뻑 받고 태어난 조수미의 음악 교육은 여기서 그치지 않고 계속 이어졌다. 4살이 됐을 때 피아노를 시작했는데 조수미는 하루 8시간에 이르는 스파르타식 교육을 이겨냈다고 한다.

집안 환경에 의해 자연스럽게 태교를 한 인물들도 있다. 지휘자 형제인 금난새와 동생 금노상은 가곡 그네를 작곡한 작곡가 금수현의 아들들이다. 이들은 어머니 배 속에서부터 자연스럽게 음악을 들을 수밖에 없는 음악적 환경 속에 있었다. 모차르트 어머니도 모차르트가 태중에 있을 때 음악을 많이 들었다. 더욱이 모차르트의 아버지가 음악

교사였기에 그 영향은 더욱 자연스러웠다.

　부부가 함께 노벨물리학상을 받은 마리 퀴리와 피에르 퀴리에게 딸이 있다. 딸인 이렌 졸리오 퀴리는 그의 남편 프레데릭 졸리오와 함께 노벨화학상을 받았다. 어머니 배속에 있을 때부터 어머니, 아버지와 함께 실험실에서 연구에 몰두했으니 당연한 귀결이 아니겠는가.

태교는 온고지신이다

제9장
태교는 온고지신이다

제1절 옛 사람들의 태교 실천

원문해석

태를 가르치지 않는 것은 주나라 말기에 없어졌기 때문이다.

옛 사람들은 태교의 도를 옥판에 새겨 종묘에 두었으니

후세 사람들을 경계하기 위함이었다.

태임이 문왕을 임신했을 때 눈으로 사악한 색을 보지 않고,

귀로는 음탕한 소리를 듣지 않고, 입으로는 오만한 말을 하지

않았다.

문왕을 낳으시니 총명하고 성품이 훌륭했다.

태임이 가르치니 하나를 가르치면 백을 아셨다.

마침내 주나라의 종제사를 받드는 분이 되셨다.

읍강은 성왕을 임신해서는 한 발로 서있지 않으셨고, 앉아서는

기대앉지 않았고 혼자 있을 때도 웅크리고 앉지 않았으며,

비록 화가 나도 꾸짖지 않았다.

원문의역

❖ 자식을 품은 어머니는 좋은 것만 해 주고 싶어 하는 모성 본능이 있다. 그러나 태교를 제대로 알지 못하면 실수가 따를 수 있다.

태교를 한 아기는 하나를 가르치면 백을 안다. 태교를 잘 한 어머니는 출산 후 아이도 잘 키우기 마련이다. 그런데 이처럼 중요한 인간학인 태교가 계속 전승되지 않은 이유를 모르겠다.

해설1

주나라 문왕의 어머니 태임은 동양에서 최초로 태교를 한 여성으로 전해진다. 태교의 역사를 이때부터로 잡아도 3,000여 년의 역사를 가지고 있다. 문왕은 부인 태사를 맞이해 훌륭한 아들인 무왕을 낳았고, 무왕은 부인 읍강을 맞이해 훌륭한 성왕을 낳았다. 태사나 읍강 모두 태교에 정성을 쏟아 훌륭한 자식을 얻었다.

우리나라에서는 정몽주의 어머니가 태교에 대한 최초의 글인 '태중훈문'을 남긴 것으로 알려져 있다.

그녀는 "임신을 하면 옛 성인의 가르침을 배워 성인군자를 낳고자 한다"라고 썼다.

태교는 온 국민이 모두 알 수 있어야 하고, 전문성도 필요한 부분이다. 그러나 과거에 태교는 왕족이나 양반 등 소수의 지도자에게만 전해져 내려온 한계가 있다. 그것도 최소한의 몸가짐, 마음가짐에 대한 내용일 뿐 전문성이 없다.

마침내 이사주당에 이르러 태교전문서인 태교신기가 탄생했고, 더구나 신분과 관계없이 누구나가 실천하기를 원했다. 만일 국가가 태교의 중요성을 인식했더라면 태교신기를 온 국민에게 나눠 줘 모두가 태교를 하게 할 수 있는 절호의 기회였다. 그러나 조정의 혼란과 일제 강점기, 6·25 등을 겪으면서 오랜 시간 기회를 놓치고 말았다.

이제 더는 태교신기를 홀대하지 말고, 각 가정에서 하나씩 보유해야 한다. 그만큼 문화적 수준이 됐다고 본다. 어려서부터 자녀에게 태교신기를 자연스럽게 들려주고 읽혀서 인성과 창의성이 뛰어난 인재 양성의 초석을 깔아야 한다.

저출산이 심각한 우리의 현재 상황에서 국가 경쟁력을 높이는 지름길이기도 하다. 지금 아무리 태교와 관련한 화려하고 좋은 책들이 많이 나와 있어도 태교신기만 하겠는가.

마치 유대인이 수천 년 내려오는 경전과 탈무드를 여전히 연구하고 암송하면서 자신들의 역사와 문화를 지키며 율법대로 사는 것처럼 우리도 우리의 역사와 문화를 보듬어야 한다. 이제는 그들의 삶을 부러워만 할 게 아니라 태교 한 부분에서라도 우리의 방향을 잡아 나가면 어떨까.

引古人已行之事以實一篇之旨 인고인이행지사이실일편지지

胎之不敎 태지불교 其惟周之末廢也 기유주지말폐야 昔者胎敎
之道 석자태교지도 書之玉版 서지옥판 藏之金櫃 장지금궤 置之
宗廟 치지종묘 以爲後世戒 이위후세계 故太姙娠文王 고태임신문
왕 目不視邪色 목불시사색 耳不聽淫聲 이불청음성 口不出敖言
구불출오언 生文王而明聖 생문왕이명성 太姙敎之以一而識百 태
임교지이일이식백 卒爲周宗 졸위주종 邑姜姙成王於身 읍강임성왕
어신 立而不跛 입이불파 坐而不蹉 좌이불차 獨處而不踞 독처이
불거 雖怒而不詈 수노이불리 胎敎之謂也 태교지위야

　경기도 파주에는 무수리에서 영조의 어머니가 된 숙빈 최 씨의 묘역
인 소령원을 비롯해 현모양처로 유명한 율곡의 어머니 신사임당의 묘
역이 자리하고 있다.

　한 사람은 천민 출신이고, 한 사람은 귀하게 자라난 양반 댁 규수로
서 상반된 출신 배경을 가지고 있다. 그러나 두 사람 모두 위대한 아
들을 낳은 훌륭한 어머니로서 당당하게 역사의 한 페이지를 장식하고

있다.

지금은 모두 옛사람들이 돼 말없이 잠들어 있는 두 여인의 묘역 앞에서 왠지 모를 숙연함이 느껴진다.

숙빈 최 씨에 대해서는 최효원의 딸로 7세 때 궁에 들어갔다는 것 외에 자세한 기록은 없지만, 극적인 삶을 살다간 것만은 확실한 것 같다.

천한 신분의 무수리가 한 나라 왕의 어머니가 되었고, 현재 잘 가꿔진 명당 소령원에서 곱게 잠들어 있으니 역전의 삶을 살다간 여인임이 틀림없다.

무수리의 아들로서 평생 콤플렉스가 있었을 영조는 생전에 어머니를 극진하게 모셨다. 어머니 사후에는 묘를 원으로 승격시킨 것은 물론 묘역 조성에도 정성을 쏟은 것으로 알려졌다.

정갈하고 청아한 묘역에 어머니를 존경하는 아들의 애틋한 사랑이 흐르고 있다. 그러나 비석에 새겨있는 후궁 숙빈 최 씨라는 글씨가 옥에 티처럼 눈에 들어온다. 당시 후궁이라는 두 글자를 새겨 넣어야 했던 영조의 남모를 아픔이 전해진다.

숙빈 최 씨는 장희빈과 동시대 인물로 둘 다 숙종의 여인이다. 숙빈 최 씨는 사려 깊고 신중한 성격이었던 데 비해 장희빈은 투기가 강한 사나운 성정의 여인으로 전해온다.

숙빈이 영조를 잉태했을 때 장희빈의 질투가 모질었던 것으로 전해진다. 하지만 숙빈의 맑고 깊은 성품으로 힘든 상황을 훌륭하게 견뎌내고 영특한 영조를 낳았으니 숙빈 역시 강인한 어머니임이 분명하다.

숙빈 최씨는 49세에 생을 마감했는데, 율곡의 어머니 신사임당도 거의 비슷한 나이인 48세에 세상을 떠났다. 율곡의 학문과 덕행을 추모하기 위해 세운 자운서원 자운산 자락에 율곡 일가의 가족묘가 조성된 가운데 신사임당 부부의 합장묘가 자리하고 있다.

아들의 묘보다 아래쪽에 모셔져 있는 것이 특이하다 했는데, 율곡이 대학자였기 때문이라고 한다.

신사임당은 시집살이를 하지 않았다. 부유한 강릉 친정집에 머물면서 율곡을 낳고 길렀으니, 어쩌면 혹독한 시집살이를 겪지 않고 마음 편안하고 행복한 태교를 했기에 율곡 같은 대학자를 낳았을지 모른다.

●이런 아기로 키우겠습니다●

1.

2.

3.

4.

5.

6.

7.

8.

9.

10.

　　　　　　　　　　년　　　　월　　　　일

아빠　　　　　　　엄마

제10장
좋은 배우자와의 만남이 태교의 시작이다

제10장
좋은 배우자와의 만남이 태교의 시작이다

제1절 훌륭한 배우자를 선택해야 한다

태교에

"훌륭한 자손을 얻기 위해 며느리를 보거나 딸을 시집보낼 때 반드시 효성스럽고 공손함이 대대로 이어져 옳은 일을 행함이 있는 자를 선택해야 한다"고 했다. 임신 후 군자의 가르침을 주는 것보다도 부모 된 사람의 본바탕이 우선이다.

인간 됨됨이를 좋게 만드는 책임은 부인에게 있다.

어진 사람을 선택하되 만일 불초한 사람을 선택하게 되면 이를 가르치는 것은 자손을 위함이다. 성인의 도에 이르지 않은 자가 어찌 함께 할 수 있겠는가.

❖ **태교는 됨됨이가 좋은 배우자와의 만남으로부터 시작한다.**

태교는 임신 후의 노력도 중요하지만, 그보다는 배우자의 본바탕이 더 중요하다. 도덕적으로 훌륭한 배우자를 만나는 것이 인성이 뛰어난 자손을 얻는 지름길이다.

해설1

훌륭한 자손을 얻기 위해서는 태교보다 좋은 배우자와의 만남이 우선이다. 집안 대대로 효성스럽고 공손함이 이어진 가문의 배우자는 이미 어머니 배 속에 있을 때부터 효와 공손함을 배웠을 터이니 그보다 더 훌륭한 배필이 있을 수 없다.

사위를 맞이하거나, 며느리를 맞이할 때 본바탕이 잘 갖춰진 인물을 찾는 것은 곧 훌륭한 가문의 대를 이을 수 있는 최고의 조건이다. 사람 됨됨이가 잘 갖춰진 바탕 위에 태교까지 더하게 되면 어찌 훌륭한 자손이 태어나지 않겠는가. 만일 부족한 사람을 얻게 되면 가르쳐야 한다고 했다.

과거에는 가문과 가문의 만남이었다. 그래서 얼굴 한 번 못 본 채 가문끼리 혼인하는 경우가 흔했다. 혼인의 가장 중요한 역할은 가문의 대를 잇는 자녀 농사였기 때문에 상대 가문이 대대로 훌륭한 가문인지를 살펴 혼인하는 것은 당연했다.

요즘은 보통 남녀가 연애결혼을 하지만 결혼정보회사를 통해 결혼하기도 한다. 일종의 중매결혼의 형태라고 볼 수 있다.

현대판 중매자인 결혼정보회사를 통해서도, 이사주당이 염려한 것처럼 집안의 재력이나 사회적 지위만 볼 게 아니라 옳은 일을 행한 집안인지를 잘 살피는 지혜가 필요하다.

원문

責丈夫使婦人因而極贊之 책장부사부인인이극찬지

胎敎曰 태교왈 素成爲子孫 소성위자손 婚妻嫁女 혼처가녀 必擇
孝悌 필택효제 世世有行義者 세세유행의자 君子之敎 군자지교
莫先於素成 막선어소성 而其責乃在於婦人 이기책내재어부인 故
賢者擇之 고현자택지 不肖者敎之 불초자교지 所以爲子孫慮也
소이위자손려야 苟不達聖人道者 구불달성인도자 其孰能興之 기숙
능흥지

해설2

좋은 혼처를 골라서 시집 장가보내는 게 부모의 바람이다. 서로 사랑하고 존중할 줄 아는 인격을 갖춘 남녀의 만남이 이상적인 부부의 상이다.

퇴계 이황은 두 번 혼인했다. 첫째 부인 허 씨와 사별했고, 둘째 부인 권 씨는 정신이 온전치 못했다. 권 씨는 조상님 제사상에서 떨어진 배를 먹고 싶다고 숨기는 등 예에 맞지 않은 행동을 하기도 했지만, 이황은 자상하게 배를 깎아서 먹게해주는 등 부인을 배려하고 나무라지 않았다.

이황 집안에는 아내를 공경하고 처가를 위하라는 가훈이 내려온다고 한다. 부인의 인격을 무시하거나 함부로 대하지 말고 부부간에도 예를 지켜야 한다는 가르침이다. 이황은 손자가 장가를 들 때도 편지에 이 같은 내용을 써준 것으로 전해진다. 이는 부부간의 애정을 돈독히 하는 길이기도 하지만 무엇보다 훌륭한 자식을 낳을 수 있는 지름길이다.

요즘도 이 같은 가훈이 집집마다 걸려 화목한 가정을 이루고, 슬기로운 자녀가 태어날 수 있었으면 좋겠다.

중용에 "부부란 남녀가 처음 만나 새로운 세계를 창조하는 것이다. 군자를 낳는 것은 부부의 도에서 비롯된다"고 했다.

부부의 도란 서로 사랑하고 존중하는 예다.

●우리 가족 10계명●

1. _____

2. _____

3. _____

4. _____

5. _____

6. _____

7. _____

8. _____

9. _____

10. _____

부록 1. 이사주당과 태교신기

과학 태교의 선구자 이사주당,
세계 최초의 태교전문서 '태교신기'에 대하여

과학 태교의 선구자 이사주당,
세계 최초의 태교전문서 '태교신기'에 대하여

– 박숙현 –

◆ 220여 년 전, 과학 태교의 지평을 열다

이사주당의 태교신기는 21세기가 놀랄 과학 태교서의 진수이다.

이사주당(李師朱堂 영조21 · 1739~순조21 · 1821)은 조선 시대에 현대 과학 태교의 내용을 망라하는 '태교신기(胎教新記)'를 저술한 조선 후기의 여성 유학자이며 실학자다.

이사주당은 의사가 아니었지만, 중국과 한국의 의학서를 섭렵하고 연구한 천재적인 학자로서 태교분야 최고의 전문성을 지닌 여성이라는 평가다.

태교신기가 완성된 1800년(정조24)의 서양은 실증주의 영향도 있지만 태아에 대해 무지했다. 아기가 태어난 후에야 뇌가 작동하는 것으로 알았을 정도였다. 조기교육 이론서로 영재교육의 경전으로 불리는 독일 '칼 비테의 교육'도 1818년에야 저술됐다. 게다가 칼 비테는 출생 직후인 0세 교육을 주창한 것으로 태중에서의 교육과는 비교가 안 된다. 칼 비테가 0세 교육에서 시도한 내용은 태교 내용에 다름 아니다. 이사주당은 0세 교육의 중요성도 인식해 태교신기에 이어 육아 독본인 '교자집요'를 지어 유아교육에도 힘썼음은 물론이다. 서양은 1960년대에 초음파기기로 태아의 모습을 확인하고서야 태교의 중요성을 인식했다. 초음파가 생기기 160여 년 전에 이미 배 속의 태아를 가르침의 대상으로 생각한 이사주당의 식견에 놀라지 않을 수 없다.

특히 태교 전문서를 펴내겠다는 생각을 한 자체가 놀랍다. 이사주당은 21세기 어느 의학 박사의 태아 연구서에 견주어도 뒤처지지 않는 뛰어난 태교서를 남겼다. 그동안 세계적으로 주목받지 못한 것은 알려지지 않았기 때문이다.

태교신기는 단순히 민간에 전해져 내려오는 단편적인 속설과는 차원을 달리한다. 따라서 미신 정도로 폄하해서는 안 된다. 우리의 보통 할머니 어머니들의 지혜와는 질적으로 차원을 달리하는 인류 문명에 이바지할 걸작이다.

태교신기는 이사주당의 나이 62세에 집대성한 태교 전문서로, 인성과 건강과 총명함을 두루 갖춘 생명 존중 사상과 인재 양성에 대한 열정이 담긴 결정체다.

그뿐만 아니라 오늘날 혹 배 속에서부터 경쟁을 부추기는 태교가 있다면 태교신기와는 질적으로 다르다는 사실을 알아야 한다. 이사주당이 강조한 태교의 요체는 마음 다스림이었다. 탐욕과 훼방과 질시와 같은 인간의 악한 마음이 태아에게 절대 싹트지 않도록 부모가 조심할 것을 누누이 강조했다.

주술과 미신에 의존하며 아들 낳기만을 빌던 시절에 현대의학에 비추어 전혀 손색이 없는 과학 태교를 주창할 수 있던 것은 이사주당의 학문적 깊이와 실증적 연구 노력의 결과다.

주자학을 집대성한 주희에게 배운다는 이사주당이라는 당호가 말해주듯 이사주당의 학문을 향한 열정과 노력의 결실은 우주 만물에 대한 원리와 이해에 닿아있다. 태교신기는 이 같은 사상적 바탕 위에 조선 후기 실학자 유희(1773~1837)를 비롯한 4명의 자녀를 낳은 경험과 황제내경 동의보감 등의 의학서, 그리고 여성 교양서와 당시의 구전 태교 등을 참조하여 집대성했다. 그뿐만 아니라 자유분방하고 호방한 학문적 자세로 인간에 대한 무한한 사랑을 보여주고 있다. 이사주당은 누구나 태교를 하면 성인군자가 될 수 있다고 임신부들을 격려해 당시 엄격한 계급 사회를 뛰어넘는 양명학적 평등의식을 보여주고 있다.

또 시집살이의 광풍 속에서도 시댁 식구들이 며느리를 보호해야 한다고 강조한 점은 생명 존엄에 대한 일갈에 다름 아니다.

◆용인 출신의 유한규와 혼인, 유희 선생을 낳다

청주 출생인 이사주당은 목천현감을 지낸 경기도 용인 모현면 출신의 유한규와 15세에 혼인했다. 전처들과 사별한 유한규의 4번째 부인으로서 용인에서 유희 등 1남 3녀의 자식을 낳았으며 태교신기를 저술했다. 83세를 일기로 용인에서 돌아가셨고, 현재 남편 유한규와 용인시 처인구 모현면 왕산리 한국외국어대학교 뒷산에 합장돼 있다.

이사주당의 본관은 전주이고 작위는 숙인이며, 태종의 서자인 경영군의 11대손이다. 아버지는 이창식이고, 어머니는 진주 강씨 덕언의 딸이다.

이사주당은 어려서부터 학문에 대해 남다른 면모를 보였다. 스스로 남녀가 다르지 않다는 생각을 했으며, 아버지의 권장에 힘입어 길쌈과 바느질하는 틈틈이 소학·여사서 등을 읽었다.

그녀의 학문적 세계는 나날이 발전해 사서삼경·제자백가에 이르기까지 두루 섭렵해 미묘한 이치를 깨우침이 문중의 어느 선비보다 뛰어났다. 이사주당은 자연과학을 비롯해 여러 학문 분야에 뛰어난 21세 연상의 남편 유한규와 함께 토론하고 시문을 주고받으면서 학문의 세계를 연마했다.

유아시절부터 천재성을 발휘한 아들 유희와 세 명의 딸을 낳았다. 아들 유희는 어머니의 가장(家狀)에서 어머니와 아버지는 식사를 하면서도 경전에 대해 서로 묻고 대답하기를 즐겼다고 기록하고 있다.

학자적인 면모와 함께 조선 시대임에도 다정한 부부 사이였음을 보여
준다.

◆태교신기는 가족의 거사

이사주당이 태교신기를 저술한 배경에는 가족의 도움과 격려가 매
우 컸다. 남편 유한규는 스승이자 학문적 동지로서 이사주당으로 하여
금 다양한 분야의 많은 책을 읽을 수 있게 독려했다. 그뿐만 아니라 자
신의 삶을 유교적 실천하에 엄격히 관리한 이사주당을 존중했다.

이사주당이 아이를 낳은 후 육아독본으로 책을 지었을 때 책의 제목
을 '교자집요'라고 달며 내훈과 여범에 절대 뒤지지 않는다는 격려의
말을 아끼지 않았다. 교자집요 가운데 양태절목 분야는 훗날 태교신기
의 바탕이 된다. 21세 연상이었던 남편의 따뜻한 마음의 지원은 이사
주당에게 가장 든든한 버팀목이 아니었을까 싶다.

아들 유희 또한 방치된 채 잊혀 있던 교자집요를 찾아내 태교신기
를 짓는 결정적 동기를 제공했다. 이사주당은 마침내 교자집요의 일부
분인 양태절목 부분을 거듭 연구해 태교신기를 완성했다. 유희는 어머
니가 저술한 태교신기를 이듬해에 장절로 나누고 음의를 해석해 완성
했다. 태교신기를 세상에 전하는 일에도 나섰다. 작고한 아버지를 대신
해 대학자로서 노쇠한 어머니 곁을 지키며 어머니에게 용기와 힘을 실

어준 아들의 지극한 사랑과 존경을 보여주고 있다.

유희가 장절로 나누고 음의를 해석한 것에 대해 고려대 심경호 교수는 유희가 어머니를 학자로서 존경했음을 보여주는 것이라고 했다.

심 교수는 '이사주당이씨의 삶과 학문'에서 "이사주당에게 있어 태교신기는 초록이 아니라 기획이었다. 그리고 유희는 그것을 자신의 삶을 지도한 경전(經典) 이상의 서적으로 여겨, 절장구(節章句), 석음의(釋音義)의 성경(聖經)으로 대했다. 장구를 분절하고 음의를 해석하는 일은 종래에 경전(經典)에 대한 훈고주석에서나 가능한 일인데, 유희는 그것을 모친의 저술에 시도했다"고 했다. 딸들 역시 태교신기의 발문을 지었으니 태교신기는 한 가족의 거사였음이 분명하다.

◆ 부성 태교를 강조한 태교 단행본

태교신기는 총 10장 35절로 이뤄졌으며 태교를 해야 하는 이유, 중요성과 함께 마음 다스림, 올바른 생각, 조용한 환경, 편안한 마음가짐, 바른 행동, 일하고 먹고 자는 방법 등 태교에 대한 모든 지침이 망라돼 있다.

특히 아기의 잉태와 출산을 여성의 몫으로 여기던 조선 시대에 부성 태교를 강조한 점은 파격적이다.

"스승의 10년 가르침이 어머니 배 속의 열 달 기름만 못하고, 어머니 열 달 기름이 아버지의 하루 낳음만 못하다"고 일깨우며, 자식을 낳는 아버지의 도리를 강조했다. 이는 현대 의학에서도 강조하는 바로 건강한 생명은 건강한 몸과 마음을 가진 어머니와 아버지로부터 비롯됨을 이야기하는 것이다.

태교신기는 가족 태교의 중요성도 강조하고 있다. 이는 여성들의 사회생활이 보편화된 현대사회에서는 사회적 태교로 확대 실천해야 할 부분이다.

◆ **이사주당과 천재 유희는 신사임당과 천재 율곡에 비견**

초충도로 유명한 신사임당과 그의 천재적인 아들 율곡은 성공적 태교의 사례로 꼽힌다. 우리나라 국민이라면 모르는 사람이 없을 정도로 유명하다.

따라서 이와 비슷한 이사주당과 그의 천재적 아들 유희의 성공적 태교 사례를 줄곧 신사임당 모자에 비견하곤 한다. 그러나 이사주당과 유희는 태교 전문서를 펴낸 태교 연구자들로서 가히 태교 분야의 독보적 존재라 할 수 있다.

유희의 천재성은 유희 집안에만 전해져 내려올 뿐 거의 알려지지 않았다. 유희의 부인 안동 권씨가 지은 유희 전기에 따르면 유희는 10개월 때 이미 말귀를 알아들어 소통을 시작했다. 두 살 때는 글자를 알았고, 네 살 때는 뜻을 가르치지 않아도 문장의 의미를 이미 알아 그의 천재성에 주변의 사람들이 놀랐음을 전한다.

유희가 지은 '비옹칠가'의 둘째 노래에도 자신이 아주 어렸을 때 유씨 일가들이 신동이라고 불렀음을 썼다. 다섯 살에는 이광려의 무릎에서 글을 지었고, 일곱 살에는 정철조의 품에서 주역을 논해 도성 사람들이 기이한 일이라고 칭송했다고 노래하고 있다.

율곡이 3세에 시를 지어 신동이라 불렸던 것처럼, 유희 역시 어려서부터 신동의 면모를 유감없이 드러냈다. 이는 바로 어머니 이사주당이 유희를 잉태하고서 기울였던 태교의 효험을 증명하는 것이다. 늘 책과 함께하고, 남편과 학문에 관해 토론하기를 즐겼던 그녀의 일상적인 태교가 천재 유희로 결실을 본 것이다.

유희는 국어학, 문학, 경학, 음악, 자연과학 등 학문의 전 분야에 걸쳐 방대한 연구 업적을 남겼다. 특히 그는 아버지 유한규가 역학, 율려(음악), 역산, 산수에 밝았던 가학의 전통을 이어받아 자연과학 분야에 일가견을 보였다. 그는 천문, 지리, 의약, 농정, 충어, 종수, 조류, 풍수 등 자연과학 분야에 정통한 것으로 알려져 있다.

구만옥 경희대 교수는 "유희의 천문역산학은 유한규로부터 이어지는 가학의 전통을 바탕으로 소론계 양명학파 선배들의 자연과학 논의를 수렴하고 동시대 학자들과의 토론을 거쳐 완성됐으며, 전통천문학과 서양천문학의 절충을 꾀했고, 우주론에서도 동서 절충을 통해 새로운 우주론을 모색했다"고 했다.

그러나 자연 과학적 재능은 아버지뿐만 아니라 어머니 영향력도 꽤 있었을 것으로 보인다. 어머니 역시 의학 분야에 뛰어난 면모를 보였기 때문이다. 태교신기는 중국과 우리나라의 의학서적에 통달한 연구자로서, 학자로서의 위용을 유감없이 드러내는 걸작이 아닐 수 없다.

유희는 언문지, 문통, 물명유고 등 100여 권에 이르는 수많은 저서를 남겼다. 특히 거질인 문통은 경학, 천문학, 문학, 의학, 예술, 지리를 망라하는 백과사전적 저작으로 조선 후기 연구의 획기적 자료가 될 것으로 평가받고 있다.

◆ 이사주당과 유희, 두 천재의 만남과 애절한 사모곡

심경호 교수는 '유희의 삶과 문학, 그리고 학문'에서 "유희의 집안은 1755년 을해옥사 때 영락했다. 유희의 종조부 유수가 옥사에 연루돼 유희의 부친 유한규는 유수의 조카라는 이유로 수감되었다가 풀려났다. 정조 초 경릉령을 거쳐 1779년(정조3) 6월에 목천현감을 제수받았으나 친혐(親嫌)을 이유로 9월에 돌아와 1783년 6월에 세상을 떠났다"고 써서 유희의 집안이 평탄하게 잘나가는 집안이 아니었음을 추측하게 한다.

또 유희가 쓴 어머니 행장을 소개한 바로는 "아버지가 벼슬을 얻게 되자 어머니는 작은 봉급을 초개같이 여기고 관직을 헌 신발처럼 여기도록 격려했다. 아버지더러 청한을 본분으로 여기고 당베옷을 걸치더라도 꺼리지 말고 거친 밥을 먹더라도 싫어하지 말아서 마음을 평온하게 지니라 했다"고 하여 이사주당은 집안이 넉넉하지 못한 가운데서도 청한을 중요하게 여겼음을 알게 한다.

유희가 27세 때 지은 비옹칠가 중 셋째 노래는 어머니에 대한 노래다. 심 교수 해석에 따르면 어머니가 자신을 기르고 가르치는 것이 심장이 쓰릴 정도로 힘들었다고 표현하고 있다. 아버지가 돌아가신 후 상처가 커서 일족이 흩어지고 어머니와 궁핍한 빈산으로 들어갔다고 적고 있다. 엄자산에 저녁 해가 어둑어둑하고, 깊은 골짜기의 샘물 소리도 가늘게 흐느낄 뿐이었다고 하여 당시의 가뭄과 먹고살 길이 막막했던 처절했던 상황을 느끼게 한다.

그는 다섯째 노래에서도 현재 한국외대가 있는 용인 관청동(구 지명)에 살 때 궁벽하고 굶주렸음을 노래했다.

이사주당과 유희는 1809년부터 10년간 용인을 떠나 충청도 단양 산속에 머문 적이 있다. 이는 벼슬길에 올라 사리사욕에 영합하지 말고 명산을 찾아 타고난 성품을 지키라는 어머니의 뜻에 따라 생각한 바를 실천에 옮겼다고 볼 수 있다. 당시의 심한 가뭄으로 인해 먹고 살길이 막막해서 겸사겸사 행했던 처사였을 것으로도 보인다.

유희는 어머니의 뜻대로 벼슬길에 오르지 않았다. 타고난 천재적 능력을 바탕으로 다양한 학문을 연마하는 가운데 거작들을 쏟아내는 학자로서의 길을 걸었다. 그러나 가난과 세인의 질시와 큰 뜻을 펴보지 못하는 장부의 삶을 자조하며 괴로워했을 것으로 짐작된다.

이사주당과 유희라는 두 천재적 인물!

큰 인물을 거두지 못하는 시대에 태어나 가난과 역경 속에서도 학문의 끈을 놓지 않고 부단히 노력하는 삶을 살아냈던 애절한 모자의 정이 안타깝기만 하다.

◆ 조선의 어머니 이사주당과 태교신기에 대한 세상의 평가

조선시대 학자 신작은 태교신기 서문에서 "조선의 모든 임신부가 태교신기를 통해 태교를 행한다면 어찌 훌륭한 자손을 낳지 못하겠느냐"고 했다.

당시 학자들 사이에서 태교신기는 신비롭다는 소문이 났다. 실로 난생 처음 만나는 생명의 서술에 대한 학자들의 반응이었다.

10년 간 태교신기를 보려고 백방으로 수소문한 끝에 손에 든 위당 정인보는 "전문적인 태교 책이 수천 년 내려오는 동안 없었다. 태교신기에 이르러 전문 태교 책이 만들어졌다"며 "이 책은 혈을 다스리는 내용이기 때문에 우생학자도 미치지 못한다. 많은 사람이 이사주당의 태교 말씀을 따른다면 준걸과 영재들이 집집이 태어나서 나라를 이롭게 할 것이다"고 했다. 그는 태교신기를 영원히 이어져야 할 유산이라고 극찬했다.

안동지역의 학자 권상규는 "태교신기를 왕에게 바쳐 국가가 인쇄하게 했어야 한다. 그래서 세상에 널리 보급해 태교를 하게 했다면 준걸과 영재가 나라에 끊이지 않았을 것이다"라고 했다.

현대에 들어와서는 뇌 과학자인 카이스트의 김수용 박사가 태교신기와 현대 뇌 과학을 접목해 막연하게 미신으로 여겨오던 전통태교에 대한 과학적 근거를 제시했다.

심경호 교수는 신작이 쓴 이사주당 묘지명과 유희가 쓴 어머니 행장을 통해 이사주당이 조선의 어머니로 표현돼 있음을 밝히기도 했다. 이는 이사주당이 당시 주변 학자들 사이에서 존경을 받고 있었음을 말해준다. 그러나 현재의 우리는 이사주당을 잘 모른다.

이사주당의 태교신기는 세계문화유산으로 남을 크나큰 업적이다. 인류사에 길이 남을 위대한 업적이 제대로 조명되고, 조선의 어머니로 존경받을 수 있도록 우리가 모두 노력해야 할 일이다.

태교는 인문학이다

부록 2

아기와 함께 즐거운 태교

다양한 태교 방법

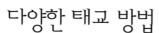
♣ 일기태교(체크리스트 일기장 쓰기)

• 개요

임신 계획을 세웠으면, 임신 준비 과정을 일기로 남겨보자. 임신 출산과 관련한 정보를 조사해 그날그날 정리해 나가도록 한다. 어느 정도 정보가 모였으면 임신 후 실천할 태교 리스트를 개월별, 종류별로 정리하도록 한다. 임신 후 편리하게 실천할 수 있기 때문이다.

임신 정보뿐만 아니라 머지않아 찾아올 아기를 상상하면서 아기에게 하고 싶은 말, 아기에게 쓰는 편지, 아기와의 약속 등을 써보는 것도 좋다. 임신 전부터 아기에 대한 사랑을 느낄 수 있다.

임신 전에는 형식을 갖추지 않고 자유롭게 써내려가도 무방하지만, 임신 후부터는 체크리스트 형식으로 일기장으로 꾸밀 구상을 하자. 체크 일기장은 자칫 게을러지기 쉬운 임신부의 일상을 규칙적인 생활로 이끌어 주는 장점이 있다.

• 방법

하루 치 분량으로 양쪽 면을 배정한다. 한쪽 페이지에는 D-280일을 표시해 잉태 날수 체크, 날짜와 날씨, 아침 인사, 아침 식단, 점심식단,

저녁식단, 음악 감상, 독서, 태담, 동화 읽기, 공부하기, 미술 감상, 건강체크, 간식, 몸 상태, 산책, 장보기, 청소, 운동, 텔레비전, 만난 사람, 내일의 주요 계획, 검진 일정 등 자신이 매일 체크하고 싶은 항목을 칸을 나눠 표를 그리고 그날그날 점검한다. 예를 들어 음악 감상 난에는 그날 음악은 들었는지를 표시하고, 들었다면 들은 음악 이름은 무엇인지, 감상 내용은 무엇인지를 간단히 메모하는 식이다.

• 그림일기를 써본다

다른 쪽 페이지에는 그날의 일기를 쓴다. 미술 태교를 할 겸 그림일기를 써보는 것도 재밌다. 아기를 생각하면서 아기 얼굴도 그려보고 아기와 대화를 나누며 그날 있었던 일들을 기록하다 보면 아기와 정서적으로 친밀해짐을 느낄 수 있다. 초음파 사진이나 아기를 위해 방문했던 곳의 입장권 및 사진이 있다면 예쁘게 스크랩하자. 훗날 소중한 추억거리가 된다.

• 부모 맹세

일기장 앞부분과 중간 중간에 태교 계획표, 부부 맹세, 부모 맹세, 아기를 사랑하는 이유 등을 써본다. 태교의 마음가짐을 다질 수 있는 기회가 된다. 가끔 아기에게 보내는 편지도 써보자. 정성스럽게 써내려간 일기장을 자녀가 성장해서 결혼할 때 참고하도록 선물로 물려주자. 자

녀에게 보물 1호가 될 것이다.

♣ 태담 태교

• 태아와 또박또박 대화

태담 태교는 태아와 이야기를 나누는 태교 방법이다. 부부가 일상적으로 이야기를 나누듯이 꼭 들려주고 싶은 이야기, 생활속 이야기를 마치 태아가 옆에 있는 것처럼 자연스럽게 들려준다. 눈을 살며시 감고 배를 부드럽게 쓰다듬으면서 태명을 사랑스럽게 불러보자. 아기의 얼굴을 마음속에 떠올린 후 또박또박한 말씨로 이야기하면 아기의 방긋 웃는 모습도 보이고 행복감도 차오르게 될 것이다.

• 두뇌 발달

태담이나 음악 등 소리 자극은 태아의 두뇌 발달에 도움이 된다. 태아의 두뇌는 엄마의 배 속에서 약 70% 정도가 완성돼 태어나는데, 이같은 소리 자극은 뇌가 왕성하게 성장 발달하는 것을 돕는다. 태아의 청각은 6개월 정도면 외부의 소리를 제대로 들을 수 있게 된다. 이때 엄마는 아기에게 보다 적극적으로 이야기를 들려주면 좋다. 하늘에 구름이 떠 있는 것을 보았다면, "파란색 하늘에 하얀색 솜사탕 같은 구름이 둥실둥실 떠있네"라며 마치 아기와 함께 하늘을 보면서 그림 그리듯 자세히 묘사를 해주면 좋다.

• 엄마와 정서적 친밀감

태아와 온 종일 함께 있는 엄마는 엄마의 생각과 느낌, 행동을 설명해 준다. 아기는 따뜻한 엄마 목소리에 정서적으로 안정감을 느끼게 된다.

오늘은 엄마의 화장에 관해서 이야기를 나눴다면, 내일은 엄마의 패션에 대해서 이야기를 나눠본다. 엄마의 배 모양이 어떻게 변하고 있는지도 설명해준다. 오늘의 기분에 대해서도 이야기를 나눈다. 아빠한테 문자를 보냈다면, 어떤 문자를 왜 보냈는지도 설명해준다. 사랑스러운 태아와 나눌 대화는 일상생활 속에 무궁무진하다.

• 아침 인사 나누기

아침에 일어나면 태명을 부르면서 우리 아기 잘 잤느냐는 인사로 하루를 시작 한다. 창문을 열고 바깥 날씨를 보여주면서 "오늘은 아침부터 하늘이 새파랗구나. 우리 맛있는 아침밥 먹고 나서 공원으로 산책 나갈까?" 하는 식으로 이야기를 나누고 상쾌한 하루를 시작하자고 말한다.

식사를 준비하면서도 이야기 들려줄 게 많다. 잡곡밥을 할 것이면, 잡곡에 관해서도 설명해주고, 시금치나물을 할 것이면, 시금치의 색깔

과 영양소도 설명해준다.

빨간색 방울토마토를 후식으로 먹을 것이면 토마토가 빨간색이라고 색깔을 설명해주고, 물에 깨끗이 씻었다고 이야기해준다. 하나 둘 셋 넷 개수를 세면서 수의 개념도 알려주면 좋다. 식사하기 전에는 엄마 아빠 아기 세 명이 식사하는 것이라고 알려준 뒤 아기에게도 맛있게 먹으라고 이야기를 한다.

• 배를 부드럽게 쓰다듬기

집안일을 정리한 후 소파에 앉아 배를 부드럽게 쓰다듬어 주면서 편안 하게 이야기를 나누거나 태교 음악을 들려준다. 직접 불러주고 싶은 노래가 있으면 곡목을 알려 주고서 "엄마가 우리 아기를 위해 직접 노래를 불러 줄 거야"라고 이야기한 후 노래를 불러준다. 노래를 불러준 후 노래에 대한 내용도 설명해 준다.

• 아빠 태담

출퇴근할 때 "아빠 잘 다녀올게. 우리 아기 엄마랑 잘 놀고 있어." "아빠 회사 다녀왔단다. 엄마랑 온 종일 뭐 하고 놀았지?"라는 식으로 아기와 인사를 나눈다. 태아가 아빠 목소리를 무척 반가워 할 것이다.

저녁에는 그 날 있었던 재밌는 일화에 관해 이야기 해준다. 아기한테 잘 들어보라고 권하면서 천천히, 또박또박 설명해주자. 주말에 여행 계획이 있다면, 여행지에 대해서도 이야기를 들려준다.

♣ 음악 태교

• 정서적 안정

일반적으로 조용하고 아름다운 음악을 들으면 마음이 차분해지면서 편안해진다.

다소 예민해진 신경을 안정 시킬 수 있고 태아의 정서에도 좋은 영향을 미친다. 아름다운 음악을 들으면 뇌에는 알파파가 증가하고, 알파파는 뇌 안에서 천연으로 만들어지는 엔도르핀을 생성시켜 행복감이 충만해진다.

• 두뇌 발달을 자극

뇌세포를 연결하는 회로가 많을수록 머리가 좋다. 음악 등 소리자극은 세포를 연결하는 회로를 많아지게 해 두뇌 발달을 촉진한다.

음악 태교는 창의력과 상상력을 좋게 해준다. 동화 피터와 늑대는 책에 등장하는 다양한 동물들의 소리와 다양한 악기의 소리가 연관돼 있다. 악기 소리를 들으면서 동물의 소리를 맞춰 보는 것도 재밌다.

• 어떤 음악이 좋은가

어렵거나 평소 듣기 싫어하는 장르의 음악은 스트레스만 될 뿐이다. 아름다운 추억이 있거나 좋아하는 음악을 듣는 게 바람직한데, 그렇다고 시끄러운 노래를 들으라는 것이 아니다. 동요, 가곡, 가요, 팝송, 국악 등 아름답고 편안한 음악을 골라 들어 행복한 시간을 갖도록 한다.

특히 태아는 자연의 소리를 좋아하기 때문에 산책하면서 새소리, 물소리, 바람 소리 등에 귀 기울여 본다.

• 시기별로 듣는 음악

임신 초기(1~3개월)에는 태아의 청각이 만들어지지 않은 시기이므로 엄마의 행복감과 정서적 안정에 도움을 주는 음악이 좋다.

임신 중기(4~7개월)에는 청각 기능이 발달하고 완료되는 때라 본격적인 음악 태교를 할 수 있다. 엄마가 직접 동요를 불러주거나 새소리, 시냇물소리 등 자연의 소리도 들려준다.

임신 후기(8~10개월)에는 소리의 강약을 구별할 수 있다. 또한, 뇌가 왕성하게 발달하는 시기이므로 다양한 악기 소리로 자극을 주거나 진동의 폭이 넓은 현악기, 혹은 국악 연주곡 등으로 깊이 있는 울림을 주는 것이 좋다.

- 소리의 크기

태아를 지속적으로 시끄러운 소음에 노출하는 것은 좋지 않다. 태아가 스트레스를 받으면 양수를 삼켜버려 태아를 안전하게 보호해주는 양수의 양이 줄어들 수도 있다. 태아에게는 조용한 환경, 잔잔한 소리가 좋다. 아무리 좋은 음악이라도 너무 크게 듣지 말자. 볼륨을 낮추고 편안하게 듣도록 하자.

- 음악에 몰두

음악을 틀어놓고 청소나 설거지를 할 때가 많다. 소음 때문에 제대로 들리지도 않고 정신도 흩어져 집중해서 듣지 못한다. 그러나 생활 속의 음악은 삶의 활력이 되니 그대로 듣되, 본격적인 음악 태교는 모든 일을 끝내놓고 편안한 자세로 앉아서 음악만 듣도록 한다. 되도록 시간대를 정해놓고 규칙적으로 듣는 게 좋다. 태아에게 곡목도 설명하고, 느낌도 이야기하면서 음악을 감상하면 태아의 마음도 행복해질 것이다.

♣ 미술 태교

• 뜨개질 · 종이접기 · 장난감 만들기 · 아기 이불 만들기

아름다운 그림을 보면 마음이 평화로워지고 행복해진다. 색깔과 형태를 설명해주면서 감동을 태아와 나누자. 그림 감상만 하지 말고 뜨개질이나 종이접기, 도예, 십자수, 장난감 만들기, 옷 만들기, 아기 이불만들기 등 손을 이용해서 직접 만드는 장르에 도전해 보는 것도 좋다. 이런 활동을 하면 마음의 안정과 집중력이 생기고 태아가 태어나면 손재주도 좋다. 색감과 미적 감각도 훈련된다.

• 추억의 사진 보기

결혼식 사진이나 신혼여행 사진, 혹은 연애 시절에 찍었던 추억의 사진첩을 꺼내놓고 엄마 아빠의 즐거웠던 시간을 설명해준다. 그림 동화책의 아름다운 그림이나, 벚꽃, 오색 단풍 등 자연 풍경을 보는 것도 훌륭한 미술 태교라고 할 수 있다. 아름다운 시각 자극을 맘껏 누리도록 하자.

♣ 동화 태교

• 아빠도 참여

태담은 쑥스러워서 말을 잘 걸지 못하던 아빠도 동화책 읽어주기는 큰 부담 없이 한다. 아빠가 굵은 저음의 목소리로 동화책을 재밌게 읽어주면 태아의 뇌가 자극을 받아 무럭무럭 성장한다. 아기는 엄마 소리도 좋아하지만, 저음의 아빠 소리를 더 잘 듣는다.

잠자기 전 10분씩 시간을 내서 규칙적으로 태아에게 동화책을 들려주도록 한다. 물론 읽었던 동화를 반복적으로 들려주는 것도 좋다.

• 실감 나게 읽어주기

안정되고 정확한 발음으로 억양을 넣어 재밌게 읽어주도록 한다. 무덤덤하게 그냥 읽어 내려가지 말고 병아리 소리, 강아지 소리 등 의성어 표현도 재밌게 해주고 병아리가 노란색인 것도 설명하면서 실감나게 읽어주면 더 좋아한다. 태아가 옆에 앉아 함께 동화책을 본다고 생각하면서 읽어 주자.

• 책 고르는 요령

보통 그림 동화책을 고를 때는 색채감이 아름다운 그림책이 좋다. 색채는 읽어주는 엄마의 기분도 즐겁게 해주고, 엄마의 뇌에 각인된

아름다운 색채가 태아에게도 전달된다. 그림 없이 글만 있는 책이라도 그림을 상상해 가면서 읽어주도록 한다. 아니면 엄마가 그림으로 표현해주어도 좋을 것 같다. 밝고 아름답고 따뜻한 이야기가 담겨 있는 동화책을 골라 읽어주어 용기 희망 행복 사랑 감사 등 인성을 풍부하게 해주자.

글짓기 솜씨가 있는 엄마라면 직접 그림 동화책을 만들어서 읽어 주어도 좋다. 도서관 등에서 열리는 북아트 강좌 등에 참여해 간단한 기법을 익힌다면, 직접 책 한 권 꾸미기는 쉽다.

♣ 태교 포인트

• 밤8시~11시 사이

보통 밤 8시~11시 사이에 태동이 활발한 것을 느낄 수 있다. 태동이 느껴지는 시간대가 대충 잠자리에 들 때라서 다소 번거로울 수도 있지만 귀찮아하지 말고 책을 읽어주거나 태교 일기를 쓰면서 대화를 나눈다. 또 사랑스러운 자장가를 불러주면서 잠자리에 든다.

♣ 태아에게 필요한 임신 환경

• 맑은 공기

임신 전에도 맑은 공기를 자주 마시면 정자와 난자의 질이 좋아진다. 급격히 성장하는 태아의 뇌 발달에 산소가 필수적이므로 실내 공기를 자주 환기해 신선하고 맑은 공기를 공급해주도록 한다.

가까운 곳에 공원이 있으면 몸 상태가 허락하는 한 산책을 하면서 신선한 공기를 호흡하도록 한다.

• 충분한 휴식

직장에 다니는 엄마는 임신 상태에서 너무 힘든 일을 하게 되면 유산 조산의 우려가 따른다. 특히 임신 초기는 더욱 위험하다. 일이 너무 힘들면 직장을 그만두든가, 부서를 옮기거나 관리자의 양해를 얻어 쉬어가면서 일을 해야 한다. 공기가 나쁘고, 시끄러운 소음, 혹은 악취에 장시간 노출되는 작업장은 태아에게 좋지 않다. 병원에 수시로 들러 건강을 검사해야 한다.

♣ 음식태교 포인트

• 음식 섭취 시 주의 점

상하거나 변질된 음식, 덜 익힌 육류나 어류, 날고기 등은 체하거나 식중독의 원인이 될 수 있으므로 주의한다. 설탕 성분이 많은 청량음료도 피한다. 설탕은 체내의 칼슘을 소모하기 때문이다. 대신 생수나 우유, 보리차 등을 마시도록 한다. 영양을 골고루 섭취할 수 있도록 반찬에 신경을 쓴다. 외식할 때는 위생상태가 깨끗한 음식점을 선택하도록 한다. 그러나 될 수 있으면 외식은 많이 하지 않는 게 좋다. 조미료가 많이 쓰이거나, 원산지도 좋지 않을 수 있기 때문.

음식을 먹을 때는 예쁜 그릇에 담아 반듯하게 앉아서 먹도록 한다.

• 엽산 섭취로 기형아 고민에서 해방

엽산은 비타민의 일종으로 신경세포 구성에 필요한 영양소다. 부족하면 뇌 신경계가 불완전한 기형아를 출산할 수 있다. 따라서 엽산이 부족한 채로 임신하지 않도록 미리 검사를 받는 게 좋다. 매일 엽산을 $400mg$ 이상 섭취하면 기형아 출산을 예방할 수 있다. 엽산은 가공과 조리 과정에서 파괴되기 쉬우므로 지나치게 가열하지 않고 가볍게 익혀 먹는다. 시금치, 귤, 포도, 오렌지, 고구마, 대두 등의 식품에 들어 있다. 아빠도 함께 섭취하도록 한다.

• 입덧 줄이는 방법

담백하고 시원하며 신맛이 나는 음식을 먹는 게 좋다. 빈속에 더 심하므로 속이 비지 않도록 간식을 준비한다. 튀김 등 자극성 있는 음식은 피하도록 한다. 수분, 무기질, 비타민이 부족 되기 쉬우므로 우유, 과즙, 과일, 보리차를 마시되 너무 차게 하거나 얼음을 지나치게 많이 넣어 먹지 않도록 한다. 설사와 유산의 원인이 될 수 있기 때문이다. 조리 시간도 되도록 짧게 한다.

• 임신부가 매일 섭취해야 할 음식

단백질 공급은 필수이므로 고기, 생선, 두부, 달걀은 매일 섭취하는 게 좋다. 우유도 하루 한 컵씩 마신다. 흰 쌀밥 대신 정제되지 않은 현미 같은 곡류 식품이 좋다.

• 태아 지능 발달에 좋은 음식

단백질이 풍부한 음식을 임신기간 내내 고르게 섭취한다. 소, 돼지, 닭 등의 간이나 고등어, 꽁치 등 등 푸른 생선, 달걀, 두부, 콩과 그 밖에 호두, 해바라기씨 등 견과류를 통해 섭취한다.

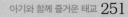

♣ 임신 개월 수에 따른 태교

• 임신 1개월

힘든 일, 장거리 여행 등을 삼가고 약도 함부로 먹지 말아야 한다. 영양제일지라도 만일 먹던 게 있다면 의사와 상의한 후 복용 여부를 결정하도록 한다. 전체적으로 고르게 영양을 섭취하고 편안한 음악을 들으면서 정서적 안정을 취한다.

• 임신 2개월

태아의 각 기관이 발달하고 뇌가 성장하는 시기이므로 양질의 단백질과 칼슘을 섭취한다. 무리한 성생활은 유산의 위험이 있으므로 자제해야 한다.

• 임신 3개월

태아의 뇌와 청각이 발달하는 시기이므로 마음을 편하게 갖고 음악태교를 시작한다. 태아가 활발하게 성장하는 시기다. 따라서 혈액을 통해 태아에게 영양과 산소를 듬뿍 공급해 주기 위해 철분과 비타민 C를 보충해 준다.

• 임신 4개월

태아의 감정이 만들어지는 시기다. 엄마의 감정을 태아가 느끼게 되니 즐겁게 지내도록 한다. 태아의 척추 간뇌 중추 등이 완성되는 중요한 시기이므로 비타민 B군을 적극적으로 섭취한다.

• 임신 5개월

태동이 시작되며 뇌 기능이 활발해지는 시기이므로 학습 태교를 시작해도 좋다. 태아의 심장을 튼튼하게 해줄 수 있는 비타민 A와 셀륨을 섭취하고, 머리카락이나 피부 성장을 촉진하는 요오드를 섭취하도록 한다. 당근 토마토 브로콜리 어패류 간 현미 해조류 등에 많다.

• 임신 6개월

아기의 청각이 많이 발달하기 때문에 음악 태교에 관심을 가져주고, 태담 태교나 동화 읽어주기 등에 신경을 써준다. 임신 20주 이상은 빈혈이나 임신중독증이 일어나기 쉬운 시기다. 임신 중독증 예방에는 아연이 좋으니 어패류, 굴 등을 섭취하면 좋다. 변비가 생기지 않도록 물이나 우유를 수시로 마셔 변을 부드럽게 한다.

• 임신 7개월

두뇌발달이 활발한 시기이므로 6개월 때와 마찬가지로 태담이나 음

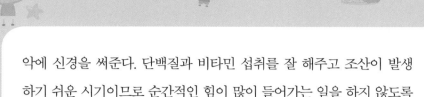

악에 신경을 써준다. 단백질과 비타민 섭취를 잘 해주고 조산이 발생하기 쉬운 시기이므로 순간적인 힘이 많이 들어가는 일을 하지 않도록 주의한다.

• 임신 8개월

장의 압박으로 변비 증세가 생길 수 있다. 가스가 차고 혈액이 오염돼 태아에게 좋지 않다. 쌀밥보다는 잡곡밥을 섭취한다. 사과와 당근에 들어있는 식물성 섬유소인 펙틴은 장벽을 보호해 주면서 배변을 돕는다. 함께 갈아 마시면 펙틴 효과가 배가 되니 아침 식전에 껍질째 갈아 섞어서 마신다. 이외에도 섬유소가 많은 식품을 섭취한다.

• 임신 9개월

태아의 장기능이 완성되고 골격과 근육도 확실해지는 시기이므로 단백질과 무기질을 적극 섭취한다. 녹황색 채소, 콩, 생선, 붉은 살코기, 현미, 우유, 해조류 등을 섭취한다. 신장 발달을 위해 미역, 김, 다시마, 함초 같은 해조류를 고루 먹는다.

• 임신 10개월

출산용품과 입원 용품을 잘 챙겨두고 소화가 잘되고 에너지원이 되는 음식을 섭취한다. 자주 씻어서 청결을 유지하고 걷고 움직여서 신진대사를 돕는다. 분만의 두려움을 덜어주고 정신을 안정시켜주는 비타민 B군을 충분히 섭취한다. 순산하기 위해서는 비타민 E도 충분히 섭취하는 게 좋다. 아몬드, 땅콩, 잣, 연어알, 장어 등에 많다.

참고문헌

「다시 보는 태교신기」(배병철), 성보사

「태교는 과학이다」(박문일), 프리미엄북스

「엄마와 아기를 위한 태교음식」(한복선), 프리미엄북스

「조선왕실의 자녀교육법」(신명호), 시공사

「동의보감 몸과 우주 그리고 삶의 비전을 찾아서」(고미숙), 그린비

「이사주당이씨의 삶과 학문」「유희의 삶과 문학, 그리고 학문」심경호(고려대)

「유희의 천문역법론」구만옥(경희대)

「유희의 문학사상과 시세계에 대한 고찰」박용만(한국학중앙연구원)

「용인학」(홍순석), 채륜

「탈무드」(마아빈 토케이어), 태종출판사

「탈무드에서 배우는 자녀교육법」(류태영), 국민일보사

「왜 유대인은 노벨상을 많이 받을까」(아오키 이사쿠), 21세기북스

「성품태교의 철학과 실제」(김영실)

「과자, 내 아이를 해치는 달콤한 유혹」(안병수), 국일미디어

「68년의 나날들, 조선의 일상사」(문숙자), 너머북스

「조선여성의 일생」(규장각 한국학 연구원), 글항아리

「일상으로 본 조선시대이야기1」(정연식), 청년사

「초보 엄마 아빠가 꼭 알아야 할 첫 임신 출산」(김수경), 효성출판사

「코메디닷컴」